12/12
+++

Hermann Kügler

Scheitern

Psychologisch-spirituelle Bewältigungsversuche

Ignatianische Impulse
Herausgegeben von Stefan Kiechle SJ und Willi Lambert SJ,
Band 38

Ignatianische Impulse gründen in der Spiritualität des
Ignatius von Loyola. Diese wird heute von vielen Menschen
neu entdeckt.

Ignatianische Impulse greifen aktuelle und existentielle
Fragen wie auch umstrittene Themen auf. Weltoffen und
konkret, lebensnah und nach vorne gerichtet, gut lesbar und
persönlich anregend sprechen sie suchende Menschen an
und helfen ihnen, das alltägliche Leben spirituell zu deuten
und zu gestalten.

Ignatianische Impulse werden begleitet durch den Je-
suitenorden, der von Ignatius gegründet wurde. Ihre Themen orientieren sich an dem, was Jesuiten heute als ihre
Leitlinien gewählt haben: Christlicher Glaube – soziale Gerechtigkeit – interreligiöser Dialog – moderne Kultur.

Hermann Kügler

Scheitern

Psychologisch-spirituelle
Bewältigungsversuche

echter

Bibliografische Information der Deutschen Nationalbibliothek

Die Deutsche Nationalbibliothek verzeichnet diese Publikation in der Deutschen Nationalbibliografie; detaillierte bibliografische Daten sind im Internet über <http://dnb.d-nb.de> abrufbar.

© 2009 Echter Verlag GmbH, Würzburg
www.echter-verlag.de
Umschlag: Roberto Meraner
Druck und Bindung: CPI – Clausen & Bosse, Leck
ISBN 978-3-429-03171-8

Inhalt

Einleitung

»Eigentlich kommt im Christentum Scheitern nicht vor«, meinte mein Freund Lutz, als ich ihm vor einiger Zeit von meinem geplanten Buch über das Scheitern erzählte. Ich schaute ihn dann wohl einigermaßen verdattert an. Daraufhin legte er nach und meinte: »Auch in der ignatianischen Spiritualität ist Scheitern kein Thema.«

Nun ist Lutz keiner, der die Augen vor den Realitäten der Welt verschließt oder in einer abgehobenen Sonderwelt ohne Bezug zur Wirklichkeit lebt. Deswegen konnten wir uns nach einigem Hin und Her doch noch auf eine anschlussfähige Sichtweise verständigen.

Über seine provokante These habe ich weiter nachgedacht. Vielleicht hat er doch irgendwie Recht, und der christliche Glaube bietet gescheiterten Menschen etwas grundsätzlich Neues und Unerhörtes, so dass menschliches Scheitern sich relativieren würde? Aber klingt das nicht nach billiger Vertröstung? Diese wäre jedoch völlig inakzeptabel nach über hundert Jahren gut reflektierter Religionskritik von Feuerbach, Marx, Freud und anderen. Bekanntlich ist es keine Lösung, ein Problem dadurch »lösen« zu wollen, dass man behauptet, es existiere gar nicht und alles sei eitel Sonnenschein.

Wenn Sie sich umschauen, werden Sie feststellen, dass überall um Sie herum Menschen in ihren Lebensentwürfen scheitern. Ehen zerbrechen, obwohl die Partner sich ewige Treue versprochen haben, »bis dass der Tod uns scheidet«. Eine Firma macht bankrott, und langjährige Mitarbeiter stehen ohne jede berufliche Perspektive auf der Straße. Schleichend gerät jemand in den Sog der Alkoholabhängigkeit oder anderer Suchterkrankungen und findet nicht mehr heraus. Kirchenmitglieder scheitern ebenso wie Menschen ohne eine konfessionelle oder religiöse Orientierung. Priester geben ihr Amt auf, Ordensmänner und -frauen verlassen ihre Gemeinschaft und gehen eine Partnerschaft ein, obwohl sie lebenslange zölibatäre Keuschheit gelobt haben.

Nach dem Scheitern versuchen die meisten Menschen, sich neu zu orientieren, sei es aus eigenen Kräften, sei es mit der Unterstützung von Freunden und Angehörigen oder auch mit professioneller Hilfe. Aber dieser Prozess kostet viel Kraft und Optimismus. Vermutlich haben Sie selbst dieses Buch nicht nur aus reiner Neugier in die Hand genommen. Ich stelle mir vor, dass Sie für sich selbst oder für Menschen in Ihrem Umfeld Unterstützung und Ermutigung suchen, um eigenes Scheitern zu bewältigen oder um andere besser zu verstehen und ihnen vielleicht beistehen zu können.

Ein Buch kann weder den schmerzvollen Weg der persönlichen Auseinandersetzung ersetzen noch liefert es Patentrezepte, wie anderen am besten beizustehen ist. Aber es kann helfen, sich selbst und das eigene Scheitern ein wenig besser zu verstehen. Und vor allem kann es ermutigen, nach dem Scheitern die nächsten anliegenden Schritte zu wagen.

Nach einer ersten Verständigung, was mit »Scheitern« gemeint ist, geht es im zweiten Kapitel darum, wie Sie dem Scheitern vorbeugen können. Einige Versuche, eigenes Scheitern zu bewältigen, sind das Thema des dritten Kapitels. Im vierten Kapitel werde ich mit Ihnen anschauen, wie Jesus von Nazareth gescheitert ist. Die Sicht des christlichen Glaubens und der Beitrag der ignatianischen Spiritualität schließen sich in den folgenden Kapiteln an.

Danke für ihr Vertrauen sage ich den Menschen, die sich mir in ihrem Scheitern anvertraut haben und von denen ich viel über meine eigenen Gefährdungen und Grenzen gelernt habe; besonders danke ich Dagmar Arens, Thomas Franz, Astrid Lurweg und Ingo Teske für gute Gespräche und für wohlwollende und fruchtbare Kritik am Buchmanuskript. Besonders hat mich berührt, dass Ingo wenige Tage, nachdem er mir das korrigierte Manuskript zurückgeschickt hatte, ganz unerwartet im Untersuchungsgefängnis von Leipzig starb.

Manchmal denke ich, dass Scheitern zum Leben dazugehört, auch wenn Werbung, Wellness-Angebote und Wohlstandsideologien, für die nur die Schönen, Reichen und Erfolgreichen zählen, uns etwas anderes weismachen wollen. Wichtig ist das Wort des Altbischofs von Limburg, Franz Kamphaus: »dass es dort, wo Menschen scheitern, keine glatten Lösungen gibt.«

Leipzig, im Frühsommer 2009   *Hermann Kügler SJ*

1. Was ist Scheitern?

Sucht man in der Online-Enzyklopädie Wikipedia das Stichwort »Scheitern«, so erhält man die folgende Definition: »Scheitern ist in der Seefahrt ein Schiffsunglück, bei dem das Schiff vom Sturm auf Klippen oder eine felsige Küste geworfen wird und unter den Wellenstößen zerschellt – im Unterschied zum unversehrten Stranden.«[1]

Diese Definition aus der Seefahrt ist ein passendes Bild für das, was Scheitern im menschlichen Leben meint. Etwas Wichtiges und Wertvolles ist unwiderruflich zerstört und lässt sich nicht mehr reparieren. Es ist aus und vorbei. Eine völlige Neuorientierung steht an. Das Bild vom gestrandeten Schiff hat etwas Gewalttätiges. Gegen Ihren Willen wurde Ihr Lebensentwurf vollständig oder in Teilen zertrümmert. Sie sind der Situation ohnmächtig ausgeliefert.

Um im Bild zu bleiben: Sie können mit diesem Schiff die Reise nicht mehr fortsetzen. Vielleicht empfinden Sie eine gewisse Dankbarkeit, dass Sie immerhin überlebt haben. Aber geht es überhaupt noch weiter? Sind Sie auf einer Insel gelandet und wissen noch nicht, ob diese vielleicht unbewohnt ist – oder von Monstern behaust? Müssen Sie sich wie Robinson Crusoe auf eine ungewisse Zeit des Wartens einstellen? Kommt wie bei Robinson ein »Freitag« als Gefährte auf die Insel? Erscheint nach langer Zeit ein rettendes Schiff am Horizont?

Genau das meint Scheitern. Auch in der Umgangssprache würden Sie wohl nicht sagen: »Ich bin gescheitert«, wenn ein Sommerurlaub verregnet ist

oder Sie die ersehnten Konzert-, Kino- oder Thea-
terkarten trotz langen Schlange-Stehens nicht ergat-
tert haben. Scheitern meint mehr. Scheitern meint,
dass ein Lebensplan zerbrochen ist und nachher
nichts mehr so ist wie vorher.

Als man Menschen unterschiedlichen Alters aufzu-
schreiben einlud, was für sie Scheitern bedeute, no-
tierten sie folgende Erfahrungen[2]:

- stets der Unterlegene sein;
- eine gute Chance haben und sie, obwohl man mit
  aller Kraft sein Bestes gibt, in den Acker fahren;
- ein großes Ziel nicht erreichen und keine Chance
  auf Wiederholung bekommen;
- der Traum ist ausgeträumt!
- scheitern ist, wenn ich etwas sehr wünsche und es
  sich einfach nicht erfüllen mag;
- aufgeben, resignieren, und somit für sich selbst und
  alle Welt feststellen, dass man etwas nicht hin-
  gekriegt hat, was man wirklich schaffen wollte.
  Addiere eigenes Verschulden an diesem Zustand
  und du hast »Scheitern«;
- aufgeben, an sich selbst und an Gott zu glauben;
- die Hoffnung zu Grabe tragen und vielleicht nicht
  einmal begreifen, dass man es nicht gepackt hat;
- mit achtundzwanzig immer noch Praktikant sein;
- nicht erreichen, was andere von mir erwarten;
  nicht erreichen, was ich mir vorgenommen habe;
  nicht erreichen, wozu ich fähig bin.

Diese Erfahrungen zeigen, dass wir in allen Lebenssituationen und Lebensaltern scheitern können. In
den folgenden Selbstzeugnissen – die natürlich alle
so verfremdet sind, dass die Anonymität gewahrt ist –

drücken Menschen persönlich aus, wie sie ihr Scheitern erleben oder erlebt haben. Sie können sicherlich ohne große Mühe eigene Erfahrungen hinzufügen und – wenn Sie mögen – diese Liste für Ihr eigenes Leben ergänzen.

Andrea: Ich habe Angst und keine Kraft mehr.
»Unser Leben war stets großen Schwierigkeiten ausgesetzt. In den vergangenen Jahren haben wir jedoch mit mehr oder weniger großen Verletzungen das meiste überstanden. Unser momentanes Problem ist jedoch so schwerwiegend, dass ich Angst habe, es bedeutet das Ende unseres Lebens.

Wir haben beide kaum noch Kraft. Freunde melden sich nicht mehr, Eltern habe ich keine mehr, die meines Partners leben im Ausland und sind schwer krank. Seit Monaten leben wir in Angst, mein Tagesablauf ist von Angst geprägt, und meine Gebete sind in einen ständigen Gedankenfluss verwandelt, der sich immer an Gott wendet, mich allerdings auch jeden Tag an seinem Wohlwollen zweifeln lässt. Mein Freund hat ein großes finanzielles Problem, in das er aus Unachtsamkeit, aus Nachlässigkeit und weil er nicht auf seine innere Stimme gehört hat, geraten ist. Und ich habe manches geahnt, aber auch nicht wirklich wissen wollen, weil ich so sehr mit dem Tod meines Vaters beschäftigt war, dass ich keine Ohren und Augen im Kopf hatte.

Zumindest hat das, was ich mitbekam, nicht den mir normalerweise innewohnenden Abwehr- und Schutzreflex ausgelöst, so dass ich ihn hätte beschützen und die Katastrophe verhindern können. Knapp ein Jahr hat ausgereicht, ihn in diese schwere Situation kommen zu lassen, die noch lange nicht ausge-

standen ist. An manchen Tagen blitzt etwas wie Hoffnung auf, dann jedoch ziehen immer sofort wieder
schwarze Wolken auf, und ich frage mich das eine
um das andere Mal: Hat es noch Sinn? Wir versuch-
ten sogar, gemeinschaftlich Suizid zu begehen, doch
im letzten Moment verhinderte es mein Freund.
Mein Freund hat gebeichtet, dennoch nagt das Gefühl großer Schuld an ihm, und er ist so verzweifelt
und ich mit ihm. Wir haben immer gekämpft, schwere Krankheiten und Schicksalsschläge überstanden.
Ich habe nur Angst, dass Gott bestimmt hat, wir sollen leiden. Das entfernt mich von Gott, und er macht
mir manchmal mehr Angst, als er mich tröstet.«

Jule: Ich habe einen Gehirntumor.
Eine Frau, Mitte dreißig und voller Lebensfreude,
fühlt sich seit einiger Zeit »schlapp und antriebslos«.
Eine ärztliche Routineuntersuchung führt zunächst
zu keinem verwertbaren Befund. Nach einem kleinen Unfall wird sie, eher zufällig, geröntgt – mit einem für sie niederschmetternden Ergebnis. Darüber
berichtet sie:
»Die Zeit der Untersuchungen und Arztgespräche
begann. Das Krankenhaus wurde, so könnte man sagen, mein zweites Zuhause. Ich glaube, ich war jede
Woche zweimal dort. Das Ergebnis der MRT der
Kopfuntersuchung lag vor: Es handelte sich um einen Gehirntumor! Im Krankenhaus, während ich mit
dem Arzt sprach, war ich relativ gefasst. Ja, es kuller-
ten kurz ein paar Tränen über meine Wange, aber
echt geweint habe ich nicht. Das fand ich eigentlich
total komisch, aber inzwischen weiß ich, dass ich es
damals noch gar nicht kapiert hatte. Als ich zu Hause war und mich ein Freund nach dem Ergebnis frag-

te, bekam ich grad noch den Satz ›Es ist ein Gehirntumor‹ heraus. Dann war's vorbei – ich konnte nur noch schluchzen und weinen.

Folgendes wurde mir gesagt: Es handelt sich um ein *low grade glioma* und sitzt frontal an meiner linken Seite. Es ist ungefähr walnussgroß, dem Arzt zufolge handelt es sich um ein – noch – gutartiges Gliom. Man kann nicht mit Sicherheit sagen, ob es momentan wächst oder nicht. Vielleicht habe ich es schon einige Jahre. Eine Biopsie, um ein Stück herauszunehmen, wäre zu riskant. Unsicher ist, ob man damit die Zelle, die krank ist, auch wirklich erwischt. Außerdem wäre man damit noch nicht weiter in der Frage, ob der Tumor sich weiterentwickelt oder nicht. Die Wahrscheinlichkeit, dass ich nach einer Biopsie genauso fit bin wie vorher, ist nicht hoch – es ist halt ein Eingriff ins Gehirn! Ich werde demnächst meine zweite MRT-Untersuchung haben; danach ist es möglich, die Bilder zu vergleichen. Dann wieder in sechs Monaten und so weiter. Ich werde bis zu meinem Lebensende in regelmäßigen Abständen in diese MRT-Untersuchungsröhre geschoben. Jedes Mal wird meine Anspannung groß sein, wenn ich auf das Ergebnis warte. Ich denke, dass es keinen Tag mehr in meinem Leben geben wird, an dem ich nicht wenigstens kurz an dieses Ding in meinem Kopf denken werde.«

Christian: Ich bin arbeitslos und krank.

»Eigentlich bin ich – wie man so sagt – in den besten Jahren, aber wann ist man das nicht? Ich bin Diplom-Ingenieur, habe für verschiedene Firmen gearbeitet und bei richtig großen Projekten verantwortliche Aufgaben erfolgreich ausgeführt. Aber dann kam innerhalb von drei Jahren ein Schicksalsschlag nach dem anderen: Als Erstes starb meine Mutter völlig überraschend von einem Tag auf den anderen. Eine Ursache konnte nicht festgestellt werden. Kurz darauf hat sich mein ältester Sohn das Leben genommen. Wenig später wurde ich entlassen. Die Wirtschaftslage ist schlecht, und es gibt keine Aufträge mehr, sagte man mir. Aber vielleicht befürchtete man, ich sei den Anforderungen nicht mehr gewachsen. Als Arbeitsloser hatte ich alle Zeit der Welt, um nachzudenken.

Ich fühlte mich nutzlos und versuchte, mir das Leben zu nehmen. In der anschließenden Notfallbehandlung wurde festgestellt, dass ich an einer schweren Depression erkrankt bin. Meiner Frau zuliebe blieb ich in der Klinik. Nach drei Monaten wurde ich entlassen; man könne nichts mehr für mich tun, sagte man mir.

Dann fing ich an zu trinken. Als Arbeitsloser hatte ich ja eh nicht viel zu tun. Dann kam die Virusinfektion am Herzen. Unbedingt musste ich das Herz schonen und daher den Sport weglassen. Jetzt hat mein Herz nur noch ein Drittel der ursprünglichen Leistungsfähigkeit. Meine Frau kommt mit der ganzen Lebenssituation nicht zurecht und hat mich vorletzte Woche verlassen. Alles ging sehr friedlich vonstatten. Keine Familie, keine Arbeit, keine Freizeit – können Sie mir sagen, wofür ich noch leben soll?«

Doris: Ich stehe vor den Trümmern meines Lebens.
Eine Frau, die auf die vierzig zugeht, verliebt sich in einen verheirateten Mann. Er verspricht ihr, sich von seiner Ehefrau und seiner Familie zu trennen, um mit ihr zusammen eine neue Lebensperspektive aufzu-

bauen. Nach vielem Hin und Her und dramatischen Höhen und Tiefen in der Beziehung gibt sie ihm zuliebe ihren Beruf auf, kündigt ihre Wohnung und zieht in die Stadt, in der er wohnt. Dort wollen sie heiraten und ein gemeinsames Leben beginnen.

»Aber da hat sich gezeigt, dass mein Freund sich doch nicht wirklich für mich entschieden hatte. Schon bald nach dem Umzug war von Heirat und Kindern keine Rede mehr. Im Gegenteil: Er ging immer wieder zu seiner Ehefrau und seinen Kindern zurück. Das hat mich sehr gekränkt und verletzt. Ich stehe jetzt vor den Trümmern meines Lebens. Ihm zuliebe hatte ich ja meinen Beruf aufgegeben, der mich schon sehr erfüllt hat, und einen neuen habe ich noch nicht gefunden. Jetzt erst merke ich, dass in meinem Freundeskreis für diese Entscheidung von Anfang an kein richtiges Verständnis war. Mutterseelenallein bin ich jetzt in dieser fremden Stadt. Ich glaubte, dass ich mit meinem Freund Kinder haben und eine Familie gründen könnte. Dieser Traum ist nun ausgeträumt, denn inzwischen bin ich zu alt. Das wird nie gehen. Alles ist zerbrochen.«

Frank: Meine Freundin hat mich verlassen.
»Nach dem Abi, während des Zivildienstes, lernte ich die Mandy kennen. Ich war neunzehn Jahre alt, sie achtzehn. Wir haben uns beide total ineinander verliebt. Ich kann nicht mehr so genau sagen, ob das mehr von ihr oder mehr von mir ausging. Sie machte FSJ (Freiwilliges Soziales Jahr) in derselben Einrichtung, in der auch ich arbeitete. Wir machten viel zusammen, und es war eine total schöne Zeit. Wir arbeiteten nicht nur zusammen, sondern feierten auch und so. Alles passte einfach unheimlich gut zusam-

men. Sie verstand sich auch gleich mit meinen Kumpels. Ich war noch nie so glücklich wie in dieser Zeit. Nach dem Zivildienst begann ich dann mit dem Studium und sie auch. Da lernte sie den Mark kennen. Das traf mich wie der Blitz. Ich habe keine Ahnung, was sie an dem findet und was der hat, was ich nicht habe. Vor drei Monaten trennte sie sich von mir und ist nun mit ihm zusammen. Ich habe alles versucht, dass sie wieder zu mir zurückkommt. Aber das will sie nicht. Ich muss immerzu an sie denken. Was habe ich bloß falsch gemacht?«

Die Berichte von Andrea, Jule, Christian, Doris und Frank zeigen, wie verschieden man sein Scheitern sehen kann. Die individuelle Einschätzung spielt die entscheidende Rolle. Ich will nun die folgenden Aspekte unterscheiden und präzisieren.

»Objektives« und »subjektives« Scheitern sind zweierlei

Immer wieder scheitern Firmen mit ihren Geschäftsideen. Unternehmer müssen Konkurs anmelden. Einstmals erfolgreiche Manager werden entlassen. Vor ein paar Jahren hat das »Manager-Magazin« eine Liste der »Top Ten« der bis dahin gescheiterten Unternehmer und Manager veröffentlicht. Darin kamen berühmte Namen vor wie Heinz Dürr, Max Grundig, Josef Neckermann. Vor allem in den neuen Bundesländern, im Osten Deutschlands, sind seit der Wende im Jahre 1989 immer wieder Firmen in die Insolvenz geraten. Auch hohe staatliche Subventionen, die unternehmerische Initiative der Gründer und das fachliche Können und Engagement der Mitarbeiter reichten oft nicht aus, um Unternehmen erfolgreich am Markt zu etablieren. Sie konnten wirtschaftlich nicht bestehen, sind gescheitert und mussten »abgewickelt« werden.

Ähnliches wie im Wirtschaftsleben erleben auch Politiker oder Führungskräfte in Non-Profit-Organisationen. Jemand gilt als Hoffnungsträger seiner Partei oder eines Wohlfahrtsverbandes und wird mit überwältigender Mehrheit in ein wichtiges politisches Amt gewählt. Dann ändern sich vielleicht die Schwerpunkte seiner Tätigkeit, so dass sie nicht mehr mit seinen persönlichen Grundwerten oder Einschätzungen übereinstimmen. Oder es gelingt ihm einfach nicht, sich eine Hausmacht aufzubauen. Nur kurze Zeit später braucht man ihn nicht mehr, er wird abgewählt, »gestürzt«.

Für die Betroffenen kann ein solches »objektives« Scheitern unterschiedliche Konsequenzen haben. Der eine hat ein dickes Fell und nimmt die Situation nicht persönlich. Ein Zweiter findet vielleicht bald einen neuen Arbeitsplatz, so dass er den Verlust des bisherigen leicht verschmerzt. Ein anderer sitzt auf der Straße und wird für zu alt gehalten für einen Neubeginn. Für Christian kamen noch weitere Schicksalsschläge hinzu, so dass er sich wirklich als gescheitert erlebt.

Scheitern ist nicht dasselbe wie moralisches oder ethisches Versagen

Scheitern und schuldig werden sind zweierlei. Der Mafia-Boss, der mit Drogenhandel ein Vermögen gemacht hat, lädt gewiss Schuld auf sich. Unentdeckt wird er sich aber nach irdischen Maßstäben genauso wenig als gescheitert erleben wie der Steuerbetrüger, dem das Finanzamt nicht auf die Schliche kommt. In christlicher Sprache sagen wir dazu »Sünde«. Andererseits wird, wer seinen Arbeitsplatz verliert und deswegen die Raten für sein Haus nicht mehr bezahlen kann, sich als gescheitert bezeichnen, auch wenn er den Arbeitsplatz unverschuldet verloren hat. Und sicher hat er nicht gesündigt.

Scheitern und Schuldigwerden kann auch zusammenkommen. Ein junger Mann konsumiert wider besseres Wissen harte Drogen, so dass nach einiger Zeit eine drogeninduzierte Psychose bei ihm ausbricht. Trotz mehrerer Klinikaufenthalte heilt die Psychose nicht aus. Die Krankheit ruiniert ihn und seine Familie. Sein Leben ist mehr oder weniger gescheitert. Schmerzlich wird ihm bewusst, dass er durch eigene Schuld dazu beigetragen hat.

Eine ethisch falsche Entscheidung, ein moralisches Versagen kann – muss aber nicht – dazu führen, dass jemand scheitert. Wer eine ethische Fehlentscheidung trifft, also tut, was er nicht tun dürfte, ist für diese Tat oder Unterlassung verantwortlich und lädt womöglich Schuld auf sich. Wenn er mit freiem Willen und in klarer Erkenntnis in einer wichtigen Angelegenheit etwas getan hat, was ethisch verwerflich und nach Recht und Gesetz verboten ist, kann er unter Umständen auch juristisch zur Rechenschaft gezogen werden. Das ist beim Scheitern nicht so. Scheitern bedeutet nicht von vornherein, dass Sie etwas falsch gemacht haben und deswegen ethisch dafür verantwortlich und schuldig sind.

Ich gebe gerne zu, dass die Trennlinie im Leben nicht so scharf zu ziehen ist wie im Nachdenken. Von außen ist es immer schwierig zu beurteilen, wie viel eigene Schwachheit und wie viel Bosheit in einer Handlung enthalten sind und wie viel die äußeren Umstände und die Bosheit anderer dazu beitragen.

Scheitern ist nicht dasselbe wie Krise

In eine Krise gerät jemand, wenn die bisher gelernten Bewältigungsmöglichkeiten nicht mehr ausreichen, um mit einer neuen schwierigen Situation zurechtzukommen und eine neue Herausforderung zu bewältigen.

Krisen kommen meist überraschend. Sie führen dazu, dass die betroffenen Menschen sowohl in ihrem Selbstwertgefühl wie in ihren sozialen Kontakten labil werden. Die bisher vertrauten Denk-, Fühl- und Verhaltensmuster geraten außer Kraft. Es charakterisiert eine Krise, dass sie Chance und Risiko in sich birgt. Bei einer Krise besteht noch die Möglichkeit, dass sich die krisenhafte Situation zum Besseren wenden wird. Nicht alle Menschen scheitern in einer Krise, wie es bei Andrea und Christian der Fall zu sein scheint.

Krisen kommen vor bei Wachstums- und Reifungsschritten und bei Prozessen der Lebensveränderung und sind also in gewisser Weise normal. Krisenzeiten sind etwa die Einschulung, der Tod eines Haustiers, die Pubertät, das erste Verliebtsein, Loslösung von den Eltern, Auszug von zu Hause, Eheschließung, Partnerschaft und Elternschaft, Ausscheiden aus dem Berufsleben, Altwerden, die Auseinandersetzung mit dem eigenen Sterben. Wir Menschen erleben Veränderungen in diesen Zeiten oft als weniger bedrohlich, wenn wir unsere Erfahrungen mit anderen Menschen teilen und darüber sprechen können.

Schwieriger zu bewältigen sind schicksalhafte Krisen, die durch besonders kritische oder traumatische Lebensereignisse ausgelöst werden, z.B. durch einen Unfall, den Tod eines nahestehenden Menschen, eine plötzliche Krankheit, den Verlust des Arbeitsplatzes oder dadurch, dass jemand von anderen »an die Wand gespielt« oder gemobbt wird. Jule ist durch die Diagnose »Gehirntumor« in eine krisenhafte Situation geraten, aber offenbar nicht gescheitert, anders als Christian und Doris. Und oft wird übersehen, dass nicht nur ein schlechtes Prüfungsresultat oder das Ergebnis einer ärztlichen Untersuchung verarbeitet werden muss, sondern auch ein Lottogewinn, die Begegnung mit der großen Liebe des Lebens oder ein unerwartetes Stellenangebot.

Krisen können nicht nur einzelne Menschen, sondern auch ganze Bevölkerungsschichten treffen. Ich denke etwa an Umweltkatastrophen, an die Wirtschaftskrise oder an Kriegswirren. Dabei spielt die objektive Stärke des Krisenauslösers offenbar eine weniger große Rolle als das subjektive Erleben. Ein Erdbeben wird offenbar psychisch leichter verarbeitet als ein Kriegsgeschehen, die Vergewaltigung durch einen Fremden leichter als die durch einen Angehörigen.

Die Psychotherapeutin Dorothea Rahm benennt folgende zehn Anzeichen von Krisen[3]:

- Anspannung, Unsicherheit, Ängstlichkeit;
- Einengung und Starre in Bezug auf Handlungsmöglichkeiten;
- fehlende oder gegen sich selbst gerichtete Aggressivität;
- fehlende Trauerreaktion;

– zunehmend inadäquates Verhalten;
– suizidale Anzeichen;
– Wertewandel: Nichts ist mehr von Bedeutung, alles ist sinnlos;
– Kopfschmerz, Schwindel, Appetit- und Schlaflosigkeit;
– Ausdünnung und Verlust von sozialen Kontakten;
– Realitätsverlust, Gedankenflucht, wahnhafte Ideen.

Der idealtypische Verarbeitungsprozess von Krisen scheint immer ähnlich zu sein. Rahm benennt die folgenden vier Phasen:
1. Nicht-wahrhaben-Wollen, Schock;
2. Aufbrechen chaotischer Emotionen;
3. sich trennen, suchen, finden;
4. Neuorientierung.
»Idealtypisch« heißt, dass diese Phasen nicht von jedem Menschen gleich erlebt werden und auch nicht immer nacheinander in dieser Reihenfolge ablaufen. Im nächsten Kapitel wird es darum gehen, was wir Menschen tun können, um dem Scheitern vorzubeugen. Nach aller Erfahrung hilft es ja, beizeiten eigene oder fremde Ressourcen zu mobilisieren. Wenn das gelingt, dann muss aus einer Krise auch bei ungünstigen äußeren Rahmenbedingungen kein persönliches Scheitern werden.

2. Dem Scheitern vorbeugen

Wie kommt es, dass manche Menschen nicht mehr ein noch aus wissen, wenn sie in eine Krise geraten oder Schicksalsschläge bewältigen müssen, während andere wie ein Stehaufmännchen nicht unterzukriegen sind? Gibt es Ressourcen, die den einen nicht zur Verfügung stehen, die die anderen aber so mobilisieren, dass sie nicht scheitern? Das sind wichtige Fragen der Prävention.

Hilarion Petzold, der die Gestalttherapie von Fritz Perls im deutschsprachigen Raum bekannt gemacht hat, zählt fünf »Säulen« auf, die unsere menschliche Identität ausmachen: Leiblichkeit, soziales Netz, materielle Sicherheit, Arbeit und Leistung, Werte.[4]

Wenn sich also abzeichnet, dass Sie in eine Krise zu geraten drohen, dann ist es hilfreich – so Petzold –, wenn Sie sich Ihrer Ressourcen vergewissern und versuchen, diese zu mobilisieren. Dazu kann das folgende Raster eine nützliche Hilfe sein. Christinnen und Christen werden in diesen »fünf Säulen der Identität« entdecken, was Jesus von Nazareth als lebenswichtig und gleichgewichtig angesehen hat, nämlich die jeweils geordnete Selbstliebe, Nächstenliebe und Gottesliebe.

1. Säule: Leiblichkeit, Gesundheit, Beziehung zum eigenen Körper
Wie steht es mit Ihrer Beweglichkeit und Ihren leiblichen Aktivitäten? Welche Gefühle und Empfindungen sind im Vordergrund? Welche Bedürfnisse spüren Sie aktuell? Wann haben Sie das letzte Mal ge-

lacht? Wie ist Ihr Körperbild? Was ist mit Ihrer Sexualität? Was ist mit Ihrer geschlechtlichen Identität? Wer in seinem Körper gut zu Hause ist und sich darin wohl fühlt, sich gesund ernährt, sich ausreichend bewegt und genug Schlaf hat, verfügt über eine starke Ressource. Sport, Spaziergänge, Gymnastik, Yoga u.Ä. gehören heute zum begleitenden Standardrepertoire von psychiatrischen Kliniken und Reha- sowie Nachsorgeeinrichtungen. Das ist nichts Neues. »Sei freundlich zu deinem Leib, damit die Seele Lust hat, darin zu wohnen«, sagte im 16. Jahrhundert Teresa von Avila. Und bereits im 13. Jahrhundert empfahl Thomas von Aquin als Mittel gegen die »Schwermut«, also gegen Depressionen: gut essen, lange schlafen, ein warmes Bad nehmen, das Mitleid eines guten Freundes genießen und beten. Viel klüger sind wir bis auf den Gebrauch von Medikamenten noch nicht geworden.

2. Säule: Soziales Netz

Welche Freunde haben Sie? Wie ist Ihre Beziehung zu Ihrer Familie, Ihrem Partner oder Ihrer Partnerin? Wie stehen Sie zur Umwelt? Welches Verhältnis haben Sie zur Kultur?

Heute nennen wir »soziale Unterstützung«, was Thomas von Aquin so ausdrückte: »das Mitleid eines guten Freundes genießen«. Wer in einer vertrauensvollen Partnerschaft lebt, verlässliche Freunde hat und gut eingebunden ist in soziale Netzwerke, bewältigt Krisen besser als jemand, der auf sich allein gestellt leben muss. Wer in eine Krise gerät, tut gut daran, sich Unterstützung von anderen Menschen zu holen, sei es im Freundeskreis oder auch professionelle Hilfe – solange er oder sie dazu die Kraft hat.

3. Säule: Materielle Sicherheit

Wie ist es um Ihre Wohnsituation und Ihre Finanzen bestellt? Welche materielle Sicherheit brauchen Sie? Wie schätzen Sie Ihre Zukunftsperspektiven ein? Über welchen Besitz verfügen Sie? Welche materiellen Güter sind Ihnen am wichtigsten? Wie würden Sie es verkraften, diese zu verlieren?

Dieser Bereich wird unter Christen bisweilen tabuisiert. Dabei sind Geld und materielle Sicherheit keine zu vernachlässigende Ressource. Wer gut versichert ist, wird nach einem Unfall die damit verbundene Lebensumstellung besser bewältigen als jemand, der jeden Cent dreimal umdrehen muss. Wer für sein Alter finanzielle Vorsorge getroffen hat, der wird der letzten Phase seines Lebens vermutlich gelassener entgegensehen als jemand, der auf Sozialhilfe angewiesen ist.

4. Säule: Arbeit, Leistung, Freizeitbeschäftigung

Welche Ausbildung haben Sie und welchen Beruf, welche Talente und Fähigkeiten? Haben Sie ein Ehrenamt inne? Was leisten Sie in Ihrer Familie? Wie steht es mit Ihrem Ehrgeiz? Erhalten Sie genug Anerkennung? Was trauen Sie sich zu? Wie stehen Sie zu Konkurrenten? Wie bewerten Sie selbst Ihre Leistung?

Wenn Sie in einer persönlichen Lebenskrise – eine Beziehung zerbricht, in Ihrer Familie wird jemand schwer krank – einen krisenfesten Beruf haben oder ein Sie tragendes und motivierendes ehrenamtliches Engagement, sind Sie vermutlich besser gestützt, als wenn Sie auch noch arbeitslos sind und das Gefühl haben, dass sich niemand für Ihre Arbeit und Leistung interessiert. Das ist jedoch etwas anderes, als wenn jemand vor persönlichen Problemen in seine Arbeit flüchtet.

5. Säule: Werte, Glaubens- und Sinnfragen
Was wollen Sie wirklich? Was ist Ihnen wichtig? Woran glauben Sie, was hoffen Sie? Wie steht es mit Ihrem Gewissen? Welches Ideal Ihrer selbst verfolgen Sie?
Diese fünfte Säule der Identität will ich etwas genauer beschreiben, denn zu ihr gehört auch die religiöse und spirituelle Ausrichtung des Menschen. Wie kann sie eine Ressource sein, um Krisen zu bewältigen? Ich denke an Menschen, denen diese Ausrichtung wichtig ist und denen sie hilft, sich ihrer Realität auch bei stark belastenden Lebensereignissen zu stellen.
Ich kenne Männer, die getötet haben und dennoch keine Monster sind. Sie taten es im Krieg, in Ausübung ihres Berufes als Polizist oder durch Unachtsamkeit im Straßenverkehr. Wo ist da Gott? Ich kenne Frauen, die abgetrieben haben und gewiss keine Mörderinnen sind, sondern aus purer Verzweiflung so gehandelt haben. Wissen wir immer so einfach, was in einer als ausweglos erlebten Situation richtig und falsch ist? Ich kenne Paare, die sich in Unheil verstrickt haben in einer Mischung aus Naivität und Spaltung, die ein Doppelleben führen oder in völlige Ausweglosigkeit geraten sind, die vor den Ruinen ihres Lebens stehen und sich und andere zu zerstören beginnen. Wissen wir so einfach, was darin Schwachheit und was Bosheit ist?
Was hat diesen Menschen Mut und Hoffnung gegeben, für ihren Beitrag zur Situation und für ihren Anteil an Unrecht die Verantwortung zu überneh-

men und sich danach selbst neu auszurichten? Mit aller Vorsicht wage ich zu sagen: Es war der Wunsch und manchmal die ganz zaghafte Hoffnung, dass Gott größer sein möge als das eigene Herz. Sie begannen zu ahnen, was in der Bibel der erste Johannesbrief so ausdrückt: »Denn wenn das Herz uns auch verurteilt – Gott ist größer als unser Herz, und er weiß alles« (1 Joh 3,20).

Heute beginnen Religion, Religiosität und Spiritualität in der Medizin und Psychotherapie wieder eine Rolle zu spielen. Inzwischen gilt als gut abgesichert: Religiosität, die bewusst und um ihrer selbst willen gelebt und vor allem verinnerlicht ist (im Fachjargon: »intrinsische Religiosität«), vermag durch konstruktive religiöse Praxis einer ganzen Reihe von psychischen Störungen entgegenzuwirken. Bei nur äußerlich übernommener Religiosität (im Fachjargon: »extrinsische Religiosität«), z.B. nur äußerlich vollzogenem Kirchgang aus sozialer Anpassung an die Erwartungen anderer ohne innere Beteiligung, tritt diese Wirkung nicht ein.[5]

Andreas, ein vierzehnjähriger Junge, sagte mir kürzlich: »Wenn man jeden Sonntag nur so in die Kirche geht, ist man noch kein Christ, genauso wie ein Auto eigentlich noch kein Auto ist, wenn es nur in der Garage steht.« Damit hat er den Unterschied zwischen intrinsischer und extrinsischer Religiosität genau erfasst!

Dass sich Spiritualität auf die Heilung und Besserung von psychischen Störungen positiv auswirkt, ist empirisch erwiesen, z.B. bei Substanzmissbrauch (das ist der heutige Begriff für Suchtkrankheiten), Depression oder Angststörung. Auch um körperliche Krankheit zu heilen, kann intrinsische Religiosität helfen.

Die »Frankfurter Rundschau« berichtete bereits vor einigen Jahren von einer US-amerikanischen Studie, »Religionsausübung und Mortalitätsrate bei Erwachsenen«.[6] Danach wurden die befragten Nicht-Kirchgänger durchschnittlich nur 75 Jahre alt, während Personen, die jeden Sonntag einen Gottesdienst besuchten, 82 Jahre erreichten. Die Studie wurde – so die Zeitung – erstellt, nachdem man 22.000 Personen neun Jahre lang beobachtet hatte. Einen Grund für die längere Lebenserwartung sahen die Forscher in deren gesünderer Lebensführung: Ihr persönliches Verhalten wird von der Religion beeinflusst und wirkt auf die Lebenserwartung.

Natürlich wird man dem Glauben nicht gerecht, wenn man Gottesdienstbesuche und Gebet wie Krankengymnastik oder Körneressen übernimmt: Es heilt oder beugt Krankheiten vor, innerlich bleibt man jedoch fern. Aber der Stoßseufzer »Da hilft nur beten« braucht durchaus nicht nur ironischer Resignation zu entspringen. Vielmehr bewirkt eine religiöse Orientierung, dass das Stress-Niveau sinkt und Menschen auch in schwierigen Lebensumständen positive Emotionen wie Dankbarkeit, Abgeklärtheit, Mut und Hoffnung in sich finden. Damit sind natürlich nicht die letzten philosophischen und theologischen Erkenntnisse über das Wesen der Religion ausgesagt. Ich spreche hier von den Wirkungen von Religion und Spiritualität, nicht von ihrem Wahrheitsgehalt.

3. … und wenn man gescheitert ist? Drei Möglichkeiten, damit umzugehen

Auch wenn wir alle unsere Ressourcen mobilisieren und perfekt vorbeugen, gibt es keine Versicherung gegen das Scheitern. Was dann? Wie können wir uns zum Scheitern verhalten, es gar bewältigen? Aber was heißt schon »bewältigen«, wenn ein Lebensplan zerbrochen ist und nichts mehr so ist wie vorher?

Vereinfacht gesagt lassen sich drei Weisen unterscheiden. Im persönlichen Erleben können sie ineinander übergehen. Diese zunächst begriffliche Unterscheidung kann Ihnen aber helfen, aufmerksamer zu werden für Ihre Wachstumsprozesse. Wie immer, wenn es nicht in erster Linie um den Kopf, sondern um Herz und Bauch geht, und zumal, wenn heftige Gefühle mit im Spiel sind, helfen Theoriemodelle nur begrenzt weiter. Ich mache die folgenden drei Bewältigungsversuche deswegen an drei Weisheitsgeschichten fest.

Die erste Möglichkeit: das Scheitern annehmen; hinnehmen, was nicht zu ändern ist

Eine Weisheitsgeschichte[7] erzählt, dass einem Bauern seine Ochsen weggelaufen sind. Die Nachbarn bedauern ihn und sagen: »Da hast du aber Pech gehabt.« Der Bauer antwortet nur: »Glück? Pech? Wer weiß das schon.« Darauf schickt er seinen Sohn los, um die entlaufenen Ochsen zu suchen. Tatsächlich findet der Sohn sie in einem Waldstück und bringt sie wohlbehalten nach Hause zurück und dazu noch ein Wildpferd, das er in dem Wald eingefangen hat. Da freuen sich die Nachbarn mit ihm und sagen: »Da hast du aber Glück gehabt.« Der Bauer antwortet nur: »Glück? Pech? Wer weiß das schon.« Am nächsten Tag will der Sohn das Wildpferd einreiten. Er stellt sich aber so ungeschickt an, dass er vom Pferd herunterfällt und sich ein Bein bricht. Jetzt sagten die Nachbarn: »Da hast du aber Pech gehabt.« Der Bauer antwortet nur: »Glück? Pech? Wer weiß das schon.« In der Woche darauf kommen Abgesandte des Kaisers in das Dorf, um Rekruten für einen Kriegszug einzuziehen. Sie nehmen alle jungen Männer des Dorfes mit, nur den Sohn des Bauern mit dem gebrochenen Bein lassen sie zurück. Man weiß es also nie so genau ...

Die Weisheit dieser Geschichte ist klar und bedarf keiner Erläuterung. Aber im Konkreten ist es nicht so einfach! Es macht keinen Sinn, über verschüttete Milch zu jammern – sagt der Volksmund. Aber Scheitern meint eben mehr als verschüttete Milch. Dennoch: Wem es gelingt, anzunehmen und zu akzeptieren, was nicht zu ändern ist, der ist schon den ersten Schritt gegangen! Die Geschichte beschreibt diese psychologische Bewältigungsweise. Ziel ist, die Situation in ihrer Unabänderlichkeit zu akzeptieren, wie sie ist, statt nutzlos gegen sie anzukämpfen wie Don Quichotte gegen die Windmühlenflügel.

In seinem Roman »In 80 Tagen um die Welt« hat der Autor Helge Timmerberg dieses Modell literarisch weiter ausgeführt. Er folgt der Route aus der berühmten Vorlage von Jules Verne und berichtet ebenfalls von ungewöhnlichen und abenteuerlichen

Begebenheiten. Seine Erlebnisse hat er präzise beobachtet und humorvoll erzählt.[8]

In einer wichtigen Szene in Bombay erzählt Tim, der
Held der Geschichte, wie er dort den Guru Ramesh
besucht. Ramesh ist vor seiner Zeit als Guru einer
der Direktoren der Bank of India gewesen und versteht also etwas von Erfolg und Scheitern. Ihm trägt
Tim vor: »Mein Problem ist, dass ich mich nicht entscheiden kann, in der Liebe nicht, im Beruf nicht, in
allem eigentlich. Und das bringt extrem viele Pro-
bleme mit sich.« Ramesh wippt auf seinem Schau-
kelstuhl hin und her und antwortet schließlich: »Also Tim, ich denke, dass es so etwas gibt. Es gibt Menschen, die sich nicht entscheiden können. Und wenn
das bei dir so ist, Tim, dann ist das dein Weg. Dann
ist das so von Gott gewollt, oder vom Urknall, oder
wie immer du die Quelle von allem Existierenden
nennen willst.« Und dann erzählt ihm der Guru weiter, dass er selbst jahrzehntelang versucht hat, sein
Glück zu mehren und sein Leid zu mindern, und
dass das alles nicht geklappt hat. Im Alter habe er nun
den Trick gefunden, den er anzubieten hat, seine
Botschaft, sein System, um damit umzugehen: »Dein
Wille geschehe!« Das sei das Schönste, was er in allen
Religionen gefunden habe und was in allen Religionen gleich sei – egal ob man an Gott oder an den
Urknall glaubt! »Ich versuche, das Leid zu akzeptieren. Und wenn ich feststelle, dass ich es nicht akzeptieren kann, akzeptiere ich das. Alles klar, Tim?« Und
wie das Tim klar ist! Wie eine Endlosschleife, wie einen Ohrwurm, wie ein Mantra sagt er sich diese Sätze immer wieder auf. Erstens: Dein Wille geschehe.
Zweitens: Das ist es, was Tim vergessen hat. Drittens:
Deswegen ist Tim unglücklich. Und jedes Mal, wenn

er sich diese Sätze aufsagt, versteht Tim ein bisschen mehr, warum in seinem Leben so viel schiefgelaufen ist und schieflaufen musste und dass es an diesem Morgen bei Guru Ramesh in Bombay zurechtgerückt wurde.

Die zweite Möglichkeit: im Scheitern einen Sinn erahnen, auch wenn man ihn noch nicht versteht; das Scheitern bewusst akzeptieren mit der Offenheit für Sinn in einer noch nicht verstandenen Dimension

Die nächste Weisheitsgeschichte vom Bambusbaum drückt aus, was mit dieser zweiten Weise gemeint ist, das eigene Scheitern zu bewältigen.[9]
In einem großen Garten wuchs ein Bambusbaum, groß und mächtig, eine Lust für die Augen. Der Herr des Gartens hatte seine Freude an ihm. Von Jahr zu Jahr wurde er kräftiger und schöner. Eines Tages aber blieb der Herr vor ihm stehen und sagte: »Bambus, ich brauche dich!« Der Bambus war glücklich. Jetzt kam die große Stunde seines Lebens. Er antwortete: »Herr, ich bin bereit, gebrauche mich, wie du willst!« Die Stimme des Herrn wurde ernst: »Um dich zu gebrauchen, muss ich dich beschneiden!« Der Bambus erzitterte: »Mich beschneiden? Deinen schönsten Baum im Garten? Nein – bitte das nicht! Verwende mich doch zu deiner Freude, Herr, aber beschneiden?!« Der Herr sagte noch ernster: »Wenn ich dich nicht beschneide, kann ich dich nicht brauchen.« Im Garten wurde es ganz still. Der Wind hielt den Atem an. Langsam beugte der Bambus seinen herrlichen Kopf und sagte: »Herr, wenn du mich anders nicht gebrauchen kannst, dann beschneide mich.« Doch

der Herr fuhr fort: »Mein geliebter Bambus, ich werde dir auch deine Blätter und deine Äste abschneiden!« »Ach Herr, davor bewahre mich, zerstöre meine Schönheit, aber lass mir bitte meine Blätter und Äste.« »Wenn ich sie dir nicht abschneide, kann ich dich nicht gebrauchen!« Die Sonne versteckte ihr Gesicht. Ein Schmetterling flog ängstlich davon. Da sagte der Bambus leise: »Herr, schlage sie ab!« Doch der Herr fuhr fort: »Mein lieber Bambus, ich muss dir noch mehr antun. Ich muss dich mitten durchschneiden und dein Herz herausnehmen!« Bis ins Mark getroffen, neigte sich der Bambus und flüsterte: »Herr schneide und teile!« So schnitt der Herr des Gartens den Bambus, hieb seine Äste ab, streifte seine Blätter fort und teilte ihn in zwei Teile. Dann trug er ihn in die Wüste, in die Nähe einer Quelle. Dort verband er diese mit der Wasserrinne im Feld durch die beiden Hälften des Bambusstammes. Und das klare, glitzernde Wasser schoss durch den zerteilten Körper des Bambus in den Kanal und floss auf die dürren Felder und brachte reiche Ernte für viele Menschen.

Scheitern in dieser Weise bewusst anzunehmen setzt wohl voraus, dass jemand wenigstens in Ansätzen so etwas wie eine religiöse Daseinserfahrung gemacht hat oder zumindest dafür bereit ist. Damit meine ich die Erfahrung des »ganz Anderen«, der Transzendenz, das Betroffensein von dem, »was uns unbedingt angeht« (Paul Tillich). Diese Art von Erfahrung ist unabhängig von einer streng geübten Meditation und keineswegs das Privileg weniger Auserwählter.

Beispielsweise ist die Begegnung mit der Natur in den Bergen oder am Meer, mit Sonne, Mond und Sternen für viele Menschen ein Erlebnis, das zu einer religiösen Daseinserfahrung führt. Auch die innige Begegnung mit einem geliebten Menschen sowie überhaupt glückende Beziehungen können so erfahren werden, ebenso die günstigen Umstände, die im Beruf zu befriedigenden Erfolgen führen. Es gibt viele Erlebnisse dieser Art, die zu einer religiösen Daseinserfahrung führen können, und zwar keineswegs nur »positive« Ereignisse, sondern etwa auch die Schicksalsgemeinschaft im Leid oder das Bewusstwerden von Schuld und Vergebung.

Solche Erfahrungen – oft sind sie nicht gleich Erfahrungen des Scheiterns – sind keineswegs idyllisch. Sobald sie ein höheres Maß an Intensität erreichen, erschüttern sie existentiell. Schmerzlich müssen sie durchlitten werden. Religiöse Daseinserfahrungen sind letztlich ein Geschenk und können nicht durch irgendwelche Techniken wie Meditations- oder Psycho-Methoden herbeigeführt werden. Die Sensibilität für solche Erfahrungen kann man jedoch entwickeln.

Wer durch solche Erfahrungen hindurchgegangen ist, mag eine Ahnung davon entwickeln, dass im Scheitern ein verborgener Sinn enthalten sein kann – auch wenn sich dieser in der gegebenen Situation noch nicht zeigt. Wenn sich eine Tür schließt, geht irgendwo ein Fenster auf.

Betonen möchte ich: Gescheiterten Menschen wird der Hinweis auf diese zweite Bewältigungsweise zynisch klingen, wenn er ihnen als »Lösung« angeboten wird. Er sollte angeboten werden, um in aller Freiheit die eigene Erfahrung *in der Rückschau* zu verstehen und zu deuten – oder auch nicht.

Die dritte Möglichkeit: das eigene Schicksal verbinden mit dem Schicksal Jesu; sich auch im Scheitern von ihm als getragen erfahren; hoffen, dass sich in der Rückschau das Scheitern als von Gott getragen erweist

In zahlreichen Versionen zirkuliert unter dem Titel »Fußspuren« oder »Spuren im Sand« eine Geschichte, die das Bewältigungsangebot deutlich macht, das die christliche Spiritualität anbietet. Die »Geschichte hinter der Geschichte« begann 1964. Nach einer Lebenskrise verfasste die Deutsch-Kanadierin Margaret Fishback Powers einen poetischen Text, der unter der Überschrift »Spuren im Sand« dieses Gespräch am Strand mit Gott nachzeichnet. Die Autorin gab ein paar Kopien an Bekannte weiter. Zwanzig Jahre später entdeckte sie in einer Washingtoner Buchhandlung ihren Text leicht verändert wieder. Ein anderer war als Autor genannt. Erst nach vielen Mühen gelang es ihr zu beweisen, dass sie die Autorin ist.[10]

»Eines Nachts hatte ich einen Traum: Ich ging am Meer entlang mit meinem Herrn. Vor dem dunklen Nachthimmel erstrahlten, Streiflichtern gleich, Bilder aus meinem Leben. Und jedes Mal sah ich zwei Fußspuren im Sand, meine eigene und die meines Herrn. Als das letzte Bild an meinen Augen vorübergezogen war, blickte ich zurück. Ich erschrak, als ich entdeckte, dass an vielen Stellen meines Lebensweges nur eine Spur zu sehen war. Und das waren gerade die schwersten Zeiten meines Lebens. Besorgt fragte ich den Herrn: ›Herr, als ich anfing, dir nachzufolgen, da hast du mir versprochen, auf allen Wegen bei mir zu sein. Aber jetzt entdecke ich, dass in den schwersten Zeiten meines Lebens nur eine Spur im

Sand zu sehen ist. Warum hast du mich allein gelassen, als ich dich am meisten brauchte?‹ Da antwortete er: ›Mein liebes Kind, ich liebe dich und werde dich nie allein lassen, erst recht nicht in Nöten und Schwierigkeiten. Dort, wo du nur eine Spur gesehen hast, da habe ich dich getragen.‹«

Um diese Geschichte zu verstehen, ist vorauszusetzen, dass so etwas wie eine an Offenbarung gebundene Glaubenserfahrung möglich ist. Diese dritte Weise, das eigene Scheitern zu bewältigen, ist daher wohl nur auf dem Grund dieser Erfahrung nachvollziehbar. Das Folgende schreibe ich als katholischer Theologe und aus meiner Vertrautheit mit der ignatianischen Spiritualität. Das mag eine gewisse Einschränkung im Hinblick auf andere soziale, psychologische oder religiöse Bewältigungsweisen bedeuten. Die ignatianische Spiritualität ist nicht die einzige christliche Spiritualität, allerdings wird sie von vielen Menschen als große Hilfe erlebt.

Die christliche Glaubenserfahrung hängt eng mit der Botschaft des Evangeliums zusammen. Diese Botschaft begegnet uns in der Geschichte, sie wird von der Kirche weitergegeben. Im Grunde genommen ist die christliche Glaubenserfahrung nichts anderes als das existentielle Erfassen dessen, was im Glauben geschieht. Sie ist mit dem christlichen Glauben im Sinne der persönlichen Hingabe an Gott identisch.

Der entscheidende Inhalt der christlichen Botschaft besteht darin, dass der glaubende Mensch Anteil hat am Verhältnis Jesu zu Gott. Wer glaubt, hat zusammen mit Jesus Christus Zugang zu Gott und eine Gemeinschaft mit ihm, auf die unter allen Umständen Verlass ist. Diese Verbundenheit mit Gott entmachtet die Angst des Menschen um sich selbst.

Es gibt zwei Möglichkeiten, sich mit dem Inhalt der christlichen Botschaft zu befassen. Die erste ist gleichsam objektiv: Den Inhalt der christlichen Botschaft halten Sie für wahr oder auch nicht oder für fragwürdig oder interessant, jedoch noch ohne einen nachhaltigen Bezug zu Ihrer eigenen Person herzustellen. Die zweite Möglichkeit besteht darin, dass Sie sich selbst in Ihrem Verhältnis zu Gott erfassen und sich damit als Person »ins Spiel bringen«, anstatt sich »außen vor« zu lassen. Sie bedeutet, sich von Gott geliebt zu wissen mit einer Liebe, die nicht an Ihnen selbst und erst recht nicht an Ihrem Wohlverhalten oder an Ihrer Leistung Maß nimmt.

Wer an Gott glaubt, lebt nicht mehr vorrangig in Angst um sich selbst. Er klammert sich an nichts mehr in der Welt um jeden Preis. Glauben heißt, in Gott verankert zu sein. In dieser Sicht werden alle guten Dinge und überhaupt alle guten Erfahrungen zum Gleichnis der Gemeinschaft mit Gott, gegen die auch Vergänglichkeit und Tod keine Macht mehr haben. Das ist gemeint, wenn die Theologie sagt: Wer an Gott glaubt, sei »vom Heiligen Geist erfüllt«. Glaube kommt weder durch Vernunftakte zustande noch durch Willensaufschwung oder Versenkung ins eigene Innere. Sondern er wird durch die von anderen Glaubenden weitergegebene »gute Nachricht« – das bedeutet das Wort »Evangelium« – bewirkt.

Christinnen und Christen sagen, dass sie ihr Lebensschicksal in Verbindung mit dem Schicksal Jesu verstehen möchten – und Jesus ist, wie wir sehen werden, gescheitert. Darum geht es im nächsten Kapitel.

4. Wie Jesus von Nazareth gescheitert ist

In den liturgischen Büchern der katholischen Kirche stehen die offiziellen Texte für die Gottesdienste. Die Überschrift für den Karfreitag heißt: »Die Feier vom Leiden und Sterben Christi«. Aber kann man das Leiden und Sterben eines Menschen *feiern?*

Jesus starb einen brutalen Tod. Im südamerikanischen San Salvador sah ich vor Jahren in einer Nebenstraße, wie ein Hund an einem heißen Sommertag auf der Straße buchstäblich verreckte. Das Tier war über und über von Geschwüren bedeckt, das Fell abgerissen, die Hinterläufe wie in den Asphalt eingefressen. Zu schwach war er schon, um der Fliegen Herr zu werden, die ihn über und über bedeckten.

So etwa muss man sich das Lebensende und den Tod Jesu vorstellen. Die Evangelien berichten, dass Jesus in seiner Todesstunde am Kreuz den 22. Psalm betet. Darin heißt es: »Ich bin ein Wurm und kein Mensch.« Jesus stirbt elend wie ein Hund. Wenn Sie den Film »Die Passion Christi« aus dem Jahr 2004 gesehen haben, können Sie sich ungefähr eine Vorstellung davon machen. Der Unterschied zu dem verendenden Hund in San Salvador liegt – äußerlich gesehen – darin, dass den Hund keiner sah, um Jesus aber viele herumstanden und gafften.

Als Bilanz seiner letzten Lebenstage bleibt – mit irdischen Augen betrachtet –, dass Jesus gescheitert ist, und zwar auf allen Ebenen: vor der Öffentlichkeit, vor seinen Jüngern – und man fragt sich, wie dieser Tod vor Gott aussah.

Während ihm bei seinem Einzug nach Jerusalem

eine Woche zuvor die Volksmassen zujubelten, hat sich das Blatt nun gewendet. Die Gaffer bei der Kreuzigung machen sich über ihn lustig. Die Leute, die vorbeikommen, verhöhnen ihn: »Ach, du willst den Tempel niederreißen und in drei Tagen wieder aufbauen? Hilf dir doch selbst und steig herab vom Kreuz! Auch die Hohenpriester und Schriftgelehrten verhöhnten ihn und sagten zueinander: Anderen hat er geholfen, sich selbst kann er nicht helfen. Der Messias, der König von Israel! Er soll doch jetzt vom Kreuz herabsteigen, damit wir sehen und glauben. Auch die beiden Männer, die mit ihm zusammen gekreuzigt wurden, beschimpften ihn« (Mk 15,29–32). Nicht viel besser steht es mit den Jüngern Jesu. Schon auf dem gemeinsamen Pilgerweg von Galiläa im Norden nach Jerusalem im Süden des Landes scheint eine ihrer größten Sorgen die Frage zu sein, wer einmal rechts und links neben Jesus sitzen wird, wenn er seine Königsherrschaft errichtet. Der Evangelist Markus erzählt diese Episode so:
»Da traten Jakobus und Johannes, die Söhne des Zebedäus, zu ihm und sagten: Meister, wir möchten, dass du uns eine Bitte erfüllst. Er antwortete: Was soll ich für euch tun? Sie sagten zu ihm: Lass in deinem Reich einen von uns rechts und den andern links neben dir sitzen. Jesus erwiderte: Ihr wisst nicht, um was ihr bittet. Könnt ihr den Kelch trinken, den ich trinke, oder die Taufe auf euch nehmen, mit der ich getauft werde? Sie antworteten: Wir können es. Da sagte Jesus zu ihnen: Ihr werdet den Kelch trinken, den ich trinke, und die Taufe empfangen, mit der ich getauft werde. Doch den Platz zu meiner Rechten und zu meiner Linken habe nicht ich zu vergeben; dort werden die sitzen, für die diese Plätze bestimmt

sind. Als die zehn anderen Jünger das hörten, wurden sie sehr ärgerlich über Jakobus und Johannes. Da rief Jesus sie zu sich und sagte: Ihr wisst, dass die, die als Herrscher gelten, ihre Völker unterdrücken und die Mächtigen ihre Macht über die Menschen missbrauchen. Bei euch aber soll es nicht so sein, sondern wer bei euch groß sein will, der soll euer Diener sein, und wer bei euch der Erste sein will, soll der Sklave aller sein. Denn auch der Menschensohn ist nicht gekommen, um sich dienen zu lassen, sondern um zu dienen und sein Leben hinzugeben als Lösegeld für viele« (Mk 10,35–45).

Gerade hat Jesus seinen Jüngern zum dritten Mal angekündigt, dass er in Jerusalem den Hohenpriestern und Schriftgelehrten ausgeliefert werden wird, dass sie ihn zum Tode verurteilen, den Römern übergeben und verspotten, anspucken, geißeln und töten werden. Doch ihre wichtigste Sorge nach dieser dritten Ankündigung des Leidens scheint zu sein, wer von ihnen im Himmelreich »Präsident und Kanzler« werden darf. Die Jünger möchten eine Karriere nach oben machen, während Jesus nur eine Karriere nach unten zu bieten hat. Dreimal hat er ihnen das in aller Deutlichkeit gesagt; und dreimal haben sie ihn nicht verstanden.

Man sollte meinen, spätestens beim Letzten Abendmahl habe endlich Frieden und Eintracht geherrscht. Weit gefehlt! Judas verlässt das gemeinsame Mahl, um Jesus zu verraten. »Einer von euch wird mich verraten und ausliefern«, sagt Jesus, als sie bei Tisch sind (Mk 14,18). Während die Jünger darüber traurig sind und einer nach dem anderen fragt: »Doch nicht etwa ich?«, sieht Jesus ganz klar: »Der, der die Hand mit mir in die Schüssel getaucht hat, wird mich verraten.« Als Judas ihn fragt: »Bin ich es etwa, Rabbi?«, sagt Jesus zu ihm: »Du sagst es« (Mt 26,25).

Noch nachdem Jesus mit seinen Jüngern das Abendmahl gehalten hat, »entstand unter ihnen ein Streit darüber, wer von ihnen wohl der größte sei« (Lk 22,24). Selbst in dieser Situation des Abschiedes verstehen die Jünger Jesus nicht – und ihm gelingt es nicht, sich verständlich zu machen. Als die Jünger zu ihm sagen: »Herr, hier sind zwei Schwerter«, kann er nur noch sagen: »Genug davon!« (Lk 22,38).

Im Garten von Getsemani ringt Jesus voller Angst darum, was er nun tun soll. Er ist Jude, einer aus dem Volk, das sich von Gott auserwählt sah, »Licht der Welt« zu sein, und das regelmäßig darum betete, dass der Messias komme und es zum Licht der Welt mache. Was ist los mit seinem Gott, auf den er sich so sehr verlassen hat? In dieser Nacht im Garten scheint er ihm nicht zu antworten und seine Klagen nicht zu hören, als seine Seele zu Tode betrübt ist und er ihn bittet, dass diese Stunde – wenn möglich – an ihm vorübergehe und Gott diesen Kelch von ihm nehme. Dass Jesus ein Engel vom Himmel erscheint und ihm neue Kraft gibt (Lk 22,43), ist eine spätere fromme Einfügung in das Lukasevangelium.

Im Angesicht des nahen Todes gerät er in Todesangst: Zum einen sieht er deutlich voraus, auf welch schreckliche Weise er sterben wird; zum anderen wegen seines Volkes und dessen Sendung und Zukunft. Als er nicht mehr weiterkann, ringt er sich dazu durch, Gott um Kraft zu bitten. In dieser Stunde ruft er: »Abba, Vater, alles ist dir möglich. Nimm diesen Kelch von mir! Aber nicht, was ich will, sondern was du willst, soll geschehen« (Mk 14,36).

Jesus glaubte, dass er selbst die Erfüllung der Verheißungen Gottes und der glühenden Erwartungen seines Volkes ist. Er hat in den einnhalb bis drei Jahren seines öffentlichen Wirkens getan, was er als Gottes Willen erkannt hat. Er sah sich als den »Sohn«, der Gott den »Vater« kennt und alles, was er tut, beim Vater sieht oder gesehen hat. Nun versteht er Gott nicht mehr.

Er muss mit der Tatsache fertig werden, dass er gescheitert ist: Sein Volk will ihn nicht haben und liefert ihn den Römern zur Kreuzigung aus. Es verpasst – so stellt es sich für Jesus dar – den entscheidenden Augenblick in seiner Geschichte als Volk Gottes. Als Mensch mit menschlichem Bewusstsein kann Jesus in diesem Augenblick nicht wissen, wie Gott sein Volk doch retten wird.

Als Jesus schließlich im Garten von Getsemani verhaftet wird, verlassen ihn alle und fliehen; einer läuft sogar, als ihn die Soldaten packen wollen, nackt davon (Mk 14,52). Petrus, der im Hof des Gerichtsgebäudes erkannt wird, verleugnet ihn dreimal und behauptet, ihn überhaupt nicht zu kennen. Er fängt an zu fluchen und zu schwören: »Ich kenne diesen Menschen nicht, von dem ihr redet« (Mk 14,71).

So also verhalten sich die Menschen, die mit ihm den Alltag geteilt haben, die er unterrichtet, mit Vollmacht ausgestattet und in seinem Namen ausgesandt hat, um das Reich Gottes zu verkünden und zu heilen (Lk 9,1–2), und die er seine Freunde nennt: »Ihr seid meine Freunde, wenn ihr tut, was ich euch auftrage. Ich nenne euch nicht mehr Knechte; denn der Knecht weiß nicht, was sein Herr tut. Vielmehr habe ich euch Freunde genannt; denn ich habe euch alles mitgeteilt, was ich von meinem Vater gehört habe« (Joh 15,14–15).

Am darauffolgenden Tag wird Jesus gekreuzigt. Die christliche Tradition hat sieben Worte Jesu am Kreuz aufgezählt. In eine zeitliche Reihenfolge gebracht lauten sie:

1. Vater, vergib ihnen, denn sie wissen nicht, was sie tun. (Lk 23,34)
2. Amen, ich sage dir: Heute noch wirst du mit mir im Paradies sein. (Lk 23,43)
3. Frau, siehe, dein Sohn! und: Siehe, deine Mutter! (Joh 19,26–27)
4. Mein Gott, mein Gott, warum hast du mich verlassen? (Mk 15,34; Mt 27,46)
5. Mich dürstet. (Joh 19,28)
6. Es ist vollbracht. (Joh 19,30)
7. Vater, in deine Hände lege ich meinen Geist. (Lk 23,46)

Eine spirituelle Auslegung dieser letzten Worte Jesu sieht in ihnen seine wichtigsten Lebensthemen anklingen. Mit ihnen gibt er seinen Jüngern letzte Anweisungen. Demnach wären diese sieben Themen: Vergebung, Errettung, Liebe, Angst, Leiden, Sieg und Vertrauen.

Realistischer ist wohl die Sicht, dass die sieben Worte Jesu genauso wie die Vor-Leidensgeschichte Konstrukte der Evangelisten sind, mit denen Jesus seinem eigenen Tod eine theologische Deutung gibt. Im letzten der vier Evangelien verdichtet sich diese Deutung Jesu noch mehr als in den drei vorangehenden. Nach dem Johannesevangelium beendet Jesus sein Leben mit den Worten: »Es ist vollbracht.« Damit will der Evangelist nicht einfach sagen, dass Jesu Erdenleben nun zu Ende geht, sondern dass sein irdisches Wirken als *Erlöser* der Menschen nun vollendet ist.

Nach dem Lukasevangelium sagt Jesus zuletzt: »Vater, in deine Hände lege ich meinen Geist.« Darin klingt Psalm 31,5–6 an: »Du wirst mich befreien aus dem Netz, das sie mir heimlich legten; denn du bist meine Zuflucht. In deine Hände lege ich voll Vertrauen meinen Geist. Du hast mich erlöst, Herr, du treuer Gott.« Lukas will zeigen, wie rückhaltlos Jesus auf Gott vertraut, und er stellt seine Selbsthingabe als beispielhaft für alle Christen dar.

»Mein Gott, mein Gott, warum hast du mich verlassen?« Mit diesen Worten stirbt Jesus nach dem Markusevangelium. Es ist der Anfang des schon zitierten Psalm 22. Zur Zeit Jesu war dieser Psalm das Sterbegebet jedes frommen Juden. Wenn also der Evangelist Markus Jesus diese Worte in den Mund legt, so heißt das: Jesus empfindet in seiner Sterbestunde nicht nur Klage und Verzweiflung darüber, dass er von Gott verlassen ist, sondern er hat wie jeder fromme Jude in seiner Sterbestunde diesen Psalm gebetet – als scheinbar von Gott Verlassener dennoch vertrauend.

Realistisch scheint mir die zweite Notiz des Evangelisten Markus zum Tode Jesu zu sein. Dort heißt es einfach, dass Jesus mit einem lauten Schrei auf den Lippen starb (Mk 15,37). In der Todesstunde tritt Jesus – wie jeder Mensch – mit seiner ganzen Existenz in ein völliges Dunkel hinein, von dem er nicht weiß, was danach kommt.

Im Markusevangelium erhält dieser Todesschrei noch keine erlösende Antwort durch Berichte von einer darauffolgenden Auferstehung. Nach den ältesten Textfassungen endet das Evangelium damit, dass einige Frauen das leere Grab entdecken und mit schreck-erfüllten Gesichtern fliehen: »Da verließen sie das Grab und flohen; denn Schrecken und Entsetzen hatte sie gepackt. Und sie sagten niemand etwas davon; denn sie fürchteten sich« (Mk 16,8).

Der darauffolgende Schluss des Markusevangeliums mit den Berichten über die Erscheinungen des Auferstandenen findet sich nicht in den ältesten Textzeugen. Er ist eine im zweiten Jahrhundert entstandene Zusammenfassung der Berichte, die in den drei anderen Evangelien stehen. Die Leser und Hörer des Markusevangeliums glaubten, dass Jesus nicht im Tod geblieben ist. Aber das Evangelium führte ihnen noch einmal das drastische irdische Scheitern Jesu vor Augen, das sich erst bei Gott wirklich gewendet hat.

Wie man es dreht und wendet: Irdisch betrachtet ist Jesus gescheitert. Das ist klar zu sehen und nicht fromm zu übermalen. Nur wer das gelten lässt, kann in einem zweiten Schritt fragen, wie Jesus dieses Scheitern durchlitt und wie Gott darin vorkam.

Jens Söring, ein Deutscher, der vor mehr als 20 Jahren nach einem fragwürdigen Mordprozess in den USA zu lebenslanger Haft verurteilt wurde, konfrontiert den Alltag im Gefängnis mit der Botschaft des Evangeliums von Gnade, Mitleid und Verzeihen. Er schaut sozusagen »mit den Augen Jesu« auf die in der Gesellschaft Untenstehenden, die Ausgestoßenen und Ausgeschlossenen. Er schreibt: »Als Gott Mensch wurde, wurde er kein Priester oder Mönch, kein König oder General, kein Dichter und kein Philosoph. Nein! Er wurde ein zum Tod verurteilter Gefangener, ein mit zwei Dieben abgeurteilter Verbrecher. Daran ist nicht zu rütteln: Das lebendige Bild des unsichtbaren Gottes konnte keine wahrhaftigere Gestalt annehmen als die eines ›dead man walking‹, des Geringsten unter den Geringen.«[11]

Und weiter fährt Jens Söring fort: »Doch irgendwie schaffen wir es, diese zentrale Wahrheit unseres Glaubens zu verdrängen. Wenn wir an Jesus denken, dann lieber an den holden Knaben in den Armen seiner Mutter, den Wundertäter, den Prediger oder den Auferstandenen. Jesus ist natürlich all das – doch *rettete* er uns, indem er sich selbst als verurteilter Verbrecher der Todesstrafe unterwarf. Als gewöhnlicher Krimineller zu sterben war die wichtigste Tat Jesu. … Diese Tatsache ist so skandalös, dass sogar unsere besten Bibelübersetzungen dahin tendieren, sie subtil zu verschleiern. Die Stelle Lukas 23,32 wird oft folgendermaßen wiedergegeben: »Zusammen mit Jesus wurden auch zwei Verbrecher zur Hinrichtung geführt.« Das impliziert einen Unterschied zwischen den beiden und Jesus. Doch der griechische Urtext dieses Verses lautet: *de kai heteroi kakouroi duo sun auto:* die beiden anderen Verbrecher auch mit ihm. Folglich sah Lukas eine Entsprechung zwischen Jesus und den beiden Verbrechern, die heutige Übersetzer offensichtlich als zu schockierend ansehen.«[12]

Im Karfreitagsgottesdienst der katholischen Kirche wird ein Abschnitt aus dem Hebräerbrief vorgelesen, der einen guten Einblick in den Reichtum des christlichen Denkens und Lebens am Ende des ersten Jahrhunderts gibt. Der Brief sagt über Jesus: »Wir haben ja nicht einen Hohenpriester, der nicht mitfühlen könnte mit unserer Schwäche, sondern einen, der in allem wie wir in Versuchung geführt worden ist, aber nicht gesündigt hat« (Hebr 4,15).

Damit deutet der Hebräerbrief an, was die frühe

Kirche im apostolischen Glaubensbekenntnis so fest-
gehalten hat: Jesus sei in der Stunde seines Todes
»hinabgestiegen in die Hölle / in die Unterwelt«.
So muss man die lateinischen Worte *descendit ad infe-
ros* korrekt übersetzen, auch wenn wir heute im got-
tesdienstlichen Gebrauch sagen: »in das Reich des
Todes«.

Die Hölle ist das »Reich des Todes«, die Nacht und
die Dunkelheit. Mehr noch: Die Hölle ist der Ort
des vor Gott gescheiterten Lebens. Im Verständnis
der Bibel ist die Hölle der Ort oder der Zustand der
zum ewigen Tod Verurteilten. Darin besteht die Dra-
matik: Jesus steigt an diesen »Ort« hinab. Diese früh-
christliche Aussage macht deutlich: Jesus wich diesem Scheitern gerade nicht aus, sondern ging in das
Scheitern hinein.

Ignatius von Loyola ermutigt dazu, Gott zu suchen
und zu finden in allen Lebenssituationen: in Gesundheit und in Krankheit, in Reichtum und in Armut,
in Ehre und in Schmach, in einem langen Leben und
in einem kurzen. Diesen Weg ging Jesus. Er ist nicht
auf der Sonnenseite des Lebens geblieben, sondern
ist »hinabgestiegen in die Hölle«. Er steigt, will Ignatius sagen, auch in unser gescheitertes Leben hinab,
nicht nur nach seinem Tod, sondern in das, was bei
jedem von uns »Hölle« ist.

Was bedeutet diese Karfreitagserfahrung, wenn Le-
bensentwürfe zerbrechen und wir scheitern? Bitte
stellen Sie sich als Bild eine alte mechanische Waage
mit zwei Waagschalen vor. Solange der christliche
Glaube nur wie ein starkes Gewicht auf der Plus-Sei-
te der Waage zwischen Glauben und Zweifel, Hoffnung und Ratlosigkeit ist, werden wir immer eine
stärkere negative Erfahrung in der anderen Waag-

schale dagegensetzen können, so dass die Negativ-Schale sich tiefer hinunterneigt. Für Jesus war Gott der tragende Grund, der sozusagen der Boden unter der gesamten Waage ist und damit selbst das Scheitern unterfängt.

Kann man Leiden und Sterben Jesu Christi »feiern«? Nach dem Bisherigen lässt sich sagen: Mit dem Karfreitag nimmt die Kirche Leiden, Tod und Scheitern wirklich ganz ernst. Und sie erinnert uns daran, dass wir unsere Augen nicht verschließen müssen vor den Abgründen des Lebens und auch nicht vor der Hölle. Wir brauchen weder zu verzweifeln noch müssen wir die Abgründe verdrängen. Wir leben aus der Hoffnung, dass wir nicht tiefer fallen können als in die Hände Gottes.

5. Was der christliche Glaube zu bieten hat

Aus der bisherigen Darstellung scheint zu folgen: Eigentlich entspricht es eher der kirchlichen Normal-Situation, zu scheitern. Denn Jesus von Nazareth ist in einer dramatischen Ohnmachtsposition gestorben. Das Christentum ist eine Erlösungsreligion. Menschen, die von gar nichts erlöst werden wollen, kann die christliche Botschaft im Grunde nichts bieten. Was denn auch? Der Kern dieser Botschaft – denken Sie nochmals an die Geschichte »Spuren im Sand« – besagt, dass wir Menschen mit allen Schwächen und Grenzen in unserer ganzen Endlichkeit von Gott gewünscht und gewollt sind. Wem dieses Beziehungsangebot nichts bedeutet oder herzlich egal ist, vor dem muss die christliche Botschaft passen. Denn etwas anderes oder mehr hat sie nicht zu bieten.

Eines der zuletzt geschriebenen Bücher des Alten Testamentes sagt über das Ende der Zeit: Da wird jeder unter seinem Weinstock oder Feigenbaum sitzen »und niemand schreckt ihn auf«. Alle Völker haben die Möglichkeit, ihren Gott anzubeten. Man schmiedet Pflugscharen aus Schwertern und Winzermesser aus Lanzen, d.h., man hält Frieden mit seinen Nachbarn (Mi 4,1–5). Ich denke, dass Micha ziemlich genau die Situation in den beiden oberen, den bürgerlichen Dritteln unserer Zwei-Drittel-Gesellschaft beschreibt: Jeder kann machen, was er will, und man lässt sich gegenseitig in Ruhe. Weltanschaulich darf sich jeder zusammenbasteln und anbeten, was ihm gefällt. Das hat der Prophet Micha schon vor 2500

Jahren scharfsinnig beschrieben. Wo jeder mit sich und dem Rest der Welt zufrieden ist und von den anderen in Ruhe gelassen werden möchte, hat die christliche Botschaft keine Chance.

Vor einiger Zeit suchte mich zum Gespräch eine Frau meines Alters auf; sie war als Studentin aus der Kirche ausgetreten. Im Laufe der Zeit hatte sie einige Ausflüge in die Esoterikszene, zu östlichen Religionen und in unterschiedliche Meditationsschulen gemacht und außerdem – wie sie sagte – in Selbsterfahrung und Psychotherapie »so ziemlich alles ausprobiert, was der Markt zu bieten hat. Aber da ist noch etwas, was ich klären möchte: die Frage nach dem Göttlichen, nach der Transzendenz«. Diese Frage konnten ihr die Therapien und die Esoterik nicht beantworten. »Vielleicht würde ich dann ja sogar wieder in die Kirche eintreten wollen.« Nach einer Reihe von Gesprächen brachte sie es auf den Punkt: »Nein, ich will nicht wieder in die Kirche eintreten, denn ich habe verstanden: Das Christentum ist eine Erlösungsreligion. Ich möchte aber von überhaupt nichts erlöst werden.« Sie hatte den zentralen Punkt erfasst!

Anders sieht es aus, wenn Menschen gescheitert sind oder schwere Lasten zu tragen haben und unter ihnen leiden. Ihnen sagt Jesus: »Nehmt mein Joch auf euch und lernt von mir; mein Joch drückt nicht und meine Last ist leicht« (Mt 11,29–30). Er verspricht ein neues, grundsätzlich anderes Selbstverständnis.

Was der christliche Glaube den Menschen zu bieten hat, das ist »ewiges Leben« mit Gott und untereinander – nicht mehr und nicht weniger. Im Grunde ist das nur die andere Seite des christlichen Gottesbildes. In dieser Sicht ist Gott in allem mächtig, und ohne ihn ist nichts. Deswegen ist selbst der Tod nicht mächtiger als Gott (vgl. Röm 6,9). Von außerhalb des Glaubens gesehen ist die stärkste Trennlinie in unserer menschlichen Erfahrung die Grenze zwischen Leben und Tod. Im Licht des Glaubens dagegen ist die stärkste Trennlinie eine andere: ob Sie mit Gott verbunden leben oder ohne ihn und deswegen meinen, letztlich auf sich allein gestellt zu sein.

So bedeutet im Verständnis des Glaubens »ewiges Leben« nicht eine ferne Realität jenseits des Todes. Christinnen und Christen bezeichnen damit jene Gemeinschaft mit Gott, die mit der Taufe beginnt und von der sie aus guten Gründen glauben und hoffen, dass sie mit dem leiblichen Tod nicht endet. Anders als in manchen Karikaturen ausgedrückt, beginnt im christlichen Verständnis das Glück eben nicht erst auf dem Friedhof und der Himmel nicht erst nach dem Tod! *Fruitio Dei et fruitio mutua in Deo* – »Genuss Gottes und der gegenseitige Genuss in Gott«, so drückte das Thomas von Aquin im 13. Jahrhundert aus.

Vor einiger Zeit meinte ein befreundeter Pfarrer zu mir: »Du, wenn ich mal tot bin, möchte ich lieber in die Hölle kommen als in den Himmel, denn in der Hölle sind die interessanteren Leute. Wenn man sich die Bilder vom Himmel ansieht, sitzen Leute auf Wolken und wedeln mit Palmzweigen. Das finde ich stinklangweilig!« Der Abend war allerdings schon weit vorgerückt, und wir hatten die erste Flasche Wein schon lange hinter uns gelassen. Mein Freund brachte aber etwas Wichtiges auf den Punkt: Oft haben Menschen die Vorstellung, dass christliches Leben fade und langweilig sei und man darin das Beste eigentlich versäumt. Wer erfasst hat, worum es im christlichen Glau-

52

ben geht, macht die Erfahrung, dass das Gegenteil zutrifft. »Wenn wir wirklich verstünden, was die Oster-
botschaft bedeutet, dann wären wir wie Menschen, die
sich vor Freude nicht mehr zu lassen wissen« – das sagte sinngemäß Martin Luther.

Die traditionelle christliche Theologie führt weiter
aus: Jesus Christus hat uns die »gute Nachricht« – das
»Evangelium« – gebracht, dass wir Menschen erlöst
sind von »Tod und Teufel«. Dieses mittelalterliche
Mythologem zu übersetzen ist nicht schwer. Heute
würden wir sagen: Wir Christen sind erstens erlöst
von den Folgen der Tatsache, dass wir als materielle
Wesen dem Werden und Vergehen und damit dem
Tod ausgeliefert sind. Zweitens sind wir erlöst von
den Verstrickungen in Schuld.

Im Matthäusevangelium dankt Jesus Gott dafür, dass
Menschen, die schwere Lasten zu tragen haben, zu
ihm finden. Er verspricht ihnen, sie tragen zu helfen.
Wenn Sie sich nach dieser Erlösung sehnen, dann
wird die christliche Botschaft bei Ihnen ankommen.
Diese Sicht schließt ein, dass wir Menschen die
Möglichkeit des Scheiterns wirklich ernst nehmen.
Zwar rechnet wohl kaum jemand von vornherein
damit, dass sein Leben scheitern kann – sonst würden
ja keine Kinder geboren und keine Bäume gepflanzt
werden! Aber die Möglichkeit des Scheiterns besteht
für jeden.

Für glaubende Menschen ist Scheitern nicht weniger
schlimm als für Nicht-Glaubende. Sie verdrängen
diese Möglichkeit nicht, sondern erkennen sie mit
allen Konsequenzen wirklich an. Allerdings gilt auch:
Wenn Sie nach menschlichen Maßstäben scheitern,
sind Sie damit vor Gott nicht weniger wert, als wenn
Ihr Leben gelingt.

Mit den Augen des Glaubens gesehen, ist irdisches Scheitern nicht eine solche Katastrophe, dass sich daran Sein oder Nichtsein entscheidet. Das meint Jesus, wenn er in der Bergpredigt sagt, dass es dreierlei Sorgen gibt. Einige seien völlig nutzlos, etwa die Sorge, ob man seinem Leben noch eine Spanne hinzufügen kann. Andere seien sinnvoll für den jeweiligen Tag. Und die wirklich große Sorge für uns müsse sein, dass wir uns um das »Reich Gottes und seine Gerechtigkeit« mühen: »Macht euch also keine Sorgen und fragt nicht: Was sollen wir essen? Was sollen wir trinken? Was sollen wir anziehen? Denn um all das geht es den Heiden. Euer himmlischer Vater weiß, dass ihr das alles braucht. Euch aber muss es zuerst um sein Reich und um seine Gerechtigkeit gehen; dann wird euch alles andere dazugegeben. Sorgt euch also nicht um morgen; denn der morgige Tag wird für sich selbst sorgen. Jeder Tag hat genug eigene Plage« (Mt 6,31–34).

In der zweiten großen Rede im Matthäusevangelium drückt er das noch schärfer aus. Diese Rede richtet sich nicht wie die Bergpredigt an alle Zuhörerinnen und Zuhörer, sondern nur an die zwölf Apostel unter seinen Jüngern. »Fürchtet euch nicht vor den Menschen«, sagt er ihnen, denn diese »können nur den Leib töten, aber der Seele nichts anhaben. Wenn ihr euch schon meint fürchten zu müssen, dann höchstens vor Gott, aber vor nichts und niemandem sonst« (vgl. Mt 10,26–33).

Diese Aufforderung ist nicht für alle Ohren bestimmt. Adressaten sind nicht jene, die noch nie etwas von ihm gehört haben, also die »Endverbraucher«, sondern seine engsten Mitarbeiter, die »Multiplikatoren«. Jesus sendet zwölf Apostel aus, damit sie das Evangelium vom Reich Gottes verkünden. Sie müssen klar erfassen: *Was* sollen sie den Menschen sagen, wenn sie das Evangelium verkünden, und *wovon* dürfen sie dabei ausgehen?

Dabei spricht Jesus einen Satz aus, der missverständlich klingt: »Fürchtet euch vor dem, der Seele und Leib ins Verderben der Hölle stürzen kann.« Aus dem Kontext geht hervor, dass damit Gott gemeint ist. Dann kommt es noch deutlicher: »Wer mich vor den Menschen verleugnet, den werde auch ich vor meinem Vater im Himmel verleugnen.« Das scheint allem zu widersprechen, was wir sonst aus dem Munde Jesu über eine vertrauensvolle Beziehung zu Gott zu hören gewohnt sind! Diese Worte sind an die zwölf Apostel gerichtet und damit an jene, die sich heute als Verkünder der frohen Botschaft verstehen wollen.

Es gibt Menschen, die sich lange mit der Frage herumschlagen: Wie finde ich einen gnädigen Gott? Andere sind skeptisch, ob sie Gott wirklich vertrauen können. Für sie sind diese Worte schädlich wie schieres Gift. Mancher hat ein Gottesbild, in dem Gott vorrangig der Richter ist, der penibel über die menschlichen Untaten Buch führt. Für eine andere ist Gott eher ein Dämon, der an der Wand lauscht, was sie wohl Schlimmes in ihren vier Wänden macht. Für diese Ohren ist diese Botschaft Jesu nicht bestimmt.

Nehmen wir aber einmal an, dass Sie die Frage nach einem gnädigen Gott für sich positiv beantwortet haben. Nehmen wir weiter an, dass Sie getauft sind und dass Sie herausfinden wollen, wie man als Mensch und als Christenmensch in dieser so problembeladenen Welt leben soll. Nehmen wir weiter an, dass Sie vor der Frage stehen, wie Sie die religiöse und spirituelle Dimension des Lebens in Ihren Alltag integrieren können. Wenn das alles mehr oder weniger auf Sie zutrifft, dann gehören Sie zu den Adressaten. Bildlich gesprochen, stehen Sie in der Reihe der zwölf Apostel.

Jesus sagt den Aposteln, wie sich die Lebensperspektiven zurechtrücken. Egal was geschieht, vor Menschen müsse man keine Angst haben. Sie können im schlimmsten Fall den Leib töten, aber sie können uns Menschen nicht von Gott trennen. Für Gott sind wir Menschen so wichtig, dass er sogar weiß, wie viele Haare jeder auf dem Kopf hat. Unsere wirkliche Sorge kann daher nur sein, dass wir uns nicht von ihm trennen. Alles andere sind nachrangige Sorgen, wichtig vielleicht für den heutigen Tag, aber nicht mehr. Wer auf diese Botschaft sein Leben gründet, geht eine intensive Form der Christusbeziehung ein. Dies schließt eine tiefe Gottesbegegnung in Gebet und Meditation ein sowie ein konkretes »Mitgehen« mit Jesus. Das bedeutet, dass man seine Lebensweise nach dem Vorbild Jesu gestaltet und sein Leben als eine Aufgabe, einen Dienst, eine »Sendung« versteht. Ein solcher Weg wird neben großer persönlicher Erfüllung immer auch Elemente des Verzichts enthalten. Und man muss mit der Möglichkeit rechnen, nach irdischen Maßstäben zu scheitern.[13]

Kein irdisches Scheitern ist dann eine letzte Katastrophe. Unsere einzige wirkliche Sorge sollte sein, dass wir aus der Gemeinschaft mit Gott nicht herausfallen. Nur das wäre wirkliches Scheitern, in klassischer theologischer Sprache: die Hölle. Vor den Menschen keine Angst mehr zu haben gibt große innere Freiheit. Sie besteht darin, sich durch keine

Macht der Welt mehr zu unmenschlichem Verhalten erpressen zu lassen. Sie macht es möglich, sich für die Rechte der Schwachen einzusetzen ohne Angst, man könne selbst dabei zu Schaden kommen.

Ich gebe gerne zu, dass diese Sichtweise nicht für jeden Gescheiterten in jedem Moment hilfreich ist. Sie braucht eine Verankerung in der Erfahrung. Wer mit seiner Erfahrung daran nicht »andocken« kann, dem wird sie wenig nützen. Er wird sie vielleicht missverstehen als theoretische Belehrung oder – schlimmer noch – als Indoktrination und sich dagegen deutlich abgrenzen.

Vor einiger Zeit erzählte ein Krankenhausseelsorger in einer Supervisionsgruppe die folgende Begebenheit. Er besuchte in der Klinik die Kranken und frisch Operierten und begegnete auf der Krebsstation einer Frau, der beide Brüste amputiert worden waren. Sie stand noch völlig unter Schock, hielt sich für wertlos und unattraktiv und ganz und gar gescheitert. Der Seelsorger hatte die gute Absicht, sie zu trösten. Im Gespräch fand er bald heraus, dass für die Patientin der christliche Glaube bis dahin eine wichtige Lebensressource darstellte. So sagte er zu ihr: »Schauen Sie doch auf Christus am Kreuz und wie er gelitten hat!« Darauf antwortete die Patientin: »Dem haben sie aber nicht die Brüste abgeschnitten.« Fluchtartig verließ der Seelsorger das Zimmer. Er brauchte fast eineinhalb Stunden, bis er in der Supervisionsarbeit erfasst hatte, dass gut gemeint nicht gut genug ist. Dem Scheitern lässt sich nicht mit Trost-Routine begegnen.

Andere scheiternde Menschen finden im Glauben jedoch Trost und Ermutigung. Der französische Mathematiker, Physiker und Philosoph Blaise Pascal brachte es auf den Punkt: »Was bedeutet mir der Schiffbruch, wenn Gott der Ozean ist?« Bekannt ist die so genannte Pascal'sche Wette, gemäß der der Glaube an Gott nicht nur richtig, sondern auch vernünftig ist, denn: »Wenn Ihr gewinnt, so gewinnt Ihr alles, und wenn Ihr verliert, so verliert Ihr nichts.«

Welche Unterstützung bieten nun der christliche Glaube und insbesondere die ignatianische Spiritualität einem Menschen, der gescheitert ist? Wie hilft sie ihm, sein Scheitern anzunehmen oder wenigstens nicht zu zerbrechen? Wie bereitet man sich beizeiten auf mögliches irdisches Scheitern vor und vermeidet das Scheitern vor Gott? Darum wird es in den folgenden Kapiteln gehen.

6. Anregungen von Ignatius von Loyola

Wenn man die Schriften des Ignatius – das Exerzitienbuch, die Satzungen des Jesuitenordens und die fast 7000 Briefe – auf »Scheitern« durchforstet, so stellt man zunächst mit einigem Erstaunen fest, dass das Wort nicht vorkommt. Offensichtlich schreibt Ignatius nichts darüber, was jemand tun oder lassen soll, wenn er gescheitert ist oder zu scheitern droht. Scheitern ist für Ignatius offenbar etwas, das ihn nicht sonderlich interessiert. Das ist umso erstaunlicher, wenn wir bedenken, dass er selbst mehrfach gescheitert ist. Drei abgebrochene Karrieren – als Kleriker, als Verwaltungsbeamter und als Offizier – weist seine Biographie auf. Noch in vorgerücktem Alter musste er sich von dem sechzehn Jahre lang verfolgten Lebensplan verabschieden, nach Palästina zu fahren und dort zu missionieren.

In jungen Jahren erhielt Ignatius vermutlich die Tonsur, wurde also in den Klerikerstand aufgenommen. Das Einzige, was wir aus seiner Karriere als Kleriker wissen, ist die Tatsache, dass er in der Karnevalszeit 1515 eines Vergehens angeklagt wurde und sich der weltlichen Gerichtsbarkeit mit Hinweis auf seine Tonsur und damit auf seine Zugehörigkeit zum Klerikerstand entzog. Das war für ihn ganz praktisch! Hintergrund dieser gescheiterten Karriere war eine gesellschaftliche Situation, die uns heute völlig fremd ist. Die jüngeren Kinder des baskischen Adels mussten im Grunde ihre Zukunft selbst gestalten, da nach dem damaligen Erbrecht die Familiengüter in den Besitz des Erstgeborenen übergingen. Die Nachgeborenen versuchte man als Geistliche mit »Pfründen« zu versorgen oder sie – wenn dies nicht gelang – bei Hof oder im Militär unterzubringen.

Verwaltungsaufgaben lernte er in der Kanzlei des Großschatzmeisters – heute wäre das der Finanzminister – des Königs von Kastilien kennen. Doch als jener beim König in Ungnade fiel, nahm die höfische Karriere des jungen Ignatius ein jähes Ende. Ausgestattet mit einer finanziellen Abfindung, zog er in den Dienst des Vizekönigs von Navarra, der ihn in seine Leibgarde aufnahm. Die dritte Karriere als Offizier endete bei der Verteidigung der Zitadelle von Pamplona damit, dass ihm eine Kanonenkugel das eine Bein zerbrach und das andere »übel verwundete«.[14] An dieser Kriegsverletzung sollte er ein Leben lang laborieren. Damit war auch der dritte Lebensentwurf gescheitert.

In der heutigen Ignatiusforschung wird außerdem als wahrscheinlich angesehen, dass Ignatius leiblicher Vater einer Tochter war. Auch wenn wir nach über 500 Jahren nicht unsere Vorstellungen von Väterlichkeit, Familie und Fürsorge an Ignatius und seine Zeit anlegen dürfen, wird man diese Tatsache kaum als Schritt in einer wohlüberlegten und gelungenen Lebensplanung verstehen.

Nach einer längeren Zeit des persönlichen Suchens und Fragens unternahm Ignatius eine lange geplante Pilgerfahrt ins Heilige Land – damals ein äußerst schwieriges Unternehmen. Auf dem Weg über Rom und Venedig gelangte er unter vielen Mühen dorthin. Er beabsichtigte, dort zu leben, wo auch Christus gelebt hat, um unter den »Ungläubigen« missionarisch zu wirken. Von der kirchlichen Obrigkeit wurde er jedoch aus Jerusalem und dem Heiligen

Land ausgewiesen; die Franziskaner, denen die Sorge um die heiligen Stätten anvertraut war, befürchteten wegen seiner Missionsabsichten Schwierigkeiten mit den türkischen Behörden. Tief enttäuscht kehrte Ignatius nach Spanien zurück. Es war für ihn der wohl schwerste Schlag seines Lebens, zu akzeptieren, dass er nicht im Heiligen Land bleiben konnte, um dort Muslime zu »bekehren«.[15]

Fünfzehn Jahre lang wartete er auf eine Gelegenheit, dorthin zurückzukehren. Als er zum Priester geweiht wurde, feierte er seine erste heilige Messe erst ein-einhalb Jahre später, denn so lange hoffte er noch, mit seinen Gefährten ins Heilige Land zu fahren und in Bethlehem seinen ersten Gottesdienst zu feiern.

Der Jesuitenorden verdankt seine Entstehung also ei-nem Gründer, der vielfach gescheitert war. Doch auch in den sechzehn Jahren in Rom, als erster Ge-neraloberer des Jesuitenordens, hatte Ignatius immer wieder mit Schwierigkeiten zu kämpfen. Erhebliche Widerstände gegen die Gründung des Ordens kamen zunächst von einflussreichen kirchlichen Kreisen. Später ließen sich manche seiner Pläne nicht realisie-ren, nahestehende Menschen enttäuschten ihn, sein Gesundheitszustand war zu manchen Zeiten misera-bel. Für diese Zeit kann man wohl nicht mehr vom Scheitern sprechen, aber dafür von fast permanenten Krisen.

Über den alten Ignatius in Rom berichten seine Or-densbrüder, er habe gesagt: Das Einzige, was ihn me-lancholisch machen könnte, sei wohl, wenn der Je-suitenorden – sein Lebenswerk – vom Papst wieder aufgelöst würde. Aber auch dann brauchte er doch nicht mehr als eine Viertelstunde des Gebetes, um innerlich seinen Frieden mit Gott wiederzufinden und dann so fröhlich zu sein wie bisher oder vielleicht noch fröhlicher.

Dies sagte er wohl, weil er erfahren hatte: Gott lässt sich im Scheitern genauso finden wie im Gelingen, im Misserfolg genauso wie im Erfolg. In seinem Buch der »Geistlichen Übungen« (Exerzitienbuch) gibt Ignatius Anleitungen, wie Menschen zu dieser inneren Freiheit hinfinden können.

7. Mit dem arbeitenden Gott mitarbeiten

So vermuten wir, dass Ignatius aus seiner Lebens- und Scheitern-Erfahrung Menschen verstand, die gescheitert waren. Er erprobte selbst Hilfen, die über alle Unterschiede von Zeit und Kultur hinweg uns heutige Menschen unterstützen können. Welche Sicht hat die ignatianische Spiritualität vom Scheitern?

Nach Ignatius sollen wir Menschen »den Willen Gottes suchen und finden« und so zu Mitarbeitern des arbeitenden Gottes werden. Wenn wir den Willen Gottes suchen und finden und tun, dann – so würde Ignatius sagen – verschiebt sich die Frage nach der Bedeutung des irdischen Scheiterns. Sie ist nicht mehr zentral.

Natürlich bedeutet das nicht, dass sie einen Menschen nicht dennoch gehörig umtreiben kann. Doch in erster Linie geht es in seinem Tun und Lassen darum, den Willen Gottes zu tun, und nicht darum, das Scheitern zu vermeiden. Denn ob das Leben gelingt, hängt dann nicht mehr von Erfolg oder Scheitern ab, sondern davon, dass wir mit Gott verbunden sind und seinen Willen tun. – Gerne gebe ich zu, dass diese Idee und die folgenden Überlegungen nicht nur leichte Kost sind.

Ein weiteres gewichtiges Problem: Immer wenn wir Menschen über Gott und über unser Verhältnis zu Gott zu sprechen versuchen, gibt es im Grunde zwei Möglichkeiten. Entweder reden wir philosophisch-abstrakt. Diese Redeweise wendet sich an Verstand und Vernunft. Sie hat den Vorteil begrifflicher Klarheit, aber zugleich den Nachteil, dass sie uns Menschen kaum als lebendige Wesen aus Fleisch und Blut mit Herz und Gefühl und Leidenschaft berührt.

Oder wir nutzen die zweite Möglichkeit und sprechen in Bildern und Metaphern. Das hat den Vorteil, dass Bilder und Vergleiche uns berühren und zu Herzen gehen, aber den Nachteil, dass Bilder kitschig wirken können und nicht alle und jeden gleich ansprechen. Über das, was den einen zutiefst berührt, mag ein anderer wie Wagner in Goethes »Faust« nur müde lächeln und denken: »Zwar hatt' ich oft schon schrullige Stunden, doch solche Lust hab ich noch nie empfunden!« Im Folgenden versuche ich, beide Sprechweisen zu berücksichtigen.[16]

Ignatius nennt als Ziel des Weges, den er in seinem Buch der »Geistlichen Übungen« vorlegt, »über sich selbst zu siegen und sein Leben zu ordnen, ohne sich durch irgendeine Anhänglichkeit bestimmen zu lassen, die ungeordnet wäre«[17]. In seiner Sicht erreichen wir die Verbundenheit mit Gott nicht in einer religiösen Sonderwelt, die neben oder über dem Alltag bestände. Sondern wir vereinen unser Tun mit dem Wirken Gottes in unserer Welt. Sozusagen erlauben wir Gott, uns in der Welt dorthin zu stellen, wo er uns braucht. Auf diese Weise bleiben wir mit Gott verbunden. Wir sind aber erst dann frei genug, uns in dieser Weise Gott zur Verfügung zu stellen, wenn wir frei geworden sind von allem, was uns daran hindert, Gott an uns heranzulassen und unseren Lebensweg in Verbundenheit mit ihm zu suchen und zu finden.

An den Anfang des Exerzitienbuches stellte Ignatius einen Text, der gleichsam die Lernzielangabe des Weges ist, den er führen will. Dieser alte Text klingt für unsere heutigen Ohren sperrig. Ich werde ihn nachher erläutern.

»Der Mensch ist geschaffen, um Gott, unseren Herrn, zu loben, ihm Ehrfurcht zu erweisen und zu dienen und mittels dessen seine Seele zu retten; und die übrigen Dinge auf dem Angesicht der Erde sind für den Menschen geschaffen und damit sie ihm bei der Verfolgung des Ziels helfen, zu dem er geschaffen ist.

Daraus folgt, dass der Mensch sie soweit gebrauchen soll, als sie ihm für sein Ziel helfen, und sich soweit von ihnen lösen soll, als sie ihn dafür hindern.

Deshalb ist es nötig, dass wir uns gegenüber allen geschaffenen Dingen in allem, was der Freiheit unserer Entscheidungsmacht gestattet und ihr nicht verboten ist, indifferent machen. Wir sollen also nicht unsererseits mehr wollen:

Gesundheit als Krankheit,

Reichtum als Armut,

Ehre als Ehrlosigkeit,

langes Leben als kurzes;

und genauso folglich in allem sonst, indem wir allein wünschen und wählen, was uns mehr zu dem Ziel führt, zu dem wir geschaffen sind«[18].

Diese Zeilen, das so genannte »Prinzip und Fundament«, bringen radikale Freiheit zum Ausdruck. Sie drücken aus, dass Gott uns erschaffen hat, um mit uns eins zu sein in Zeit und Ewigkeit. Gott will, dass wir mit ihm mitarbeiten. Diese schöpferische Sehnsucht Gottes formt in der Tiefe unseres Herzens die Sehnsucht nach dem, was Gott will. Bisweilen erfahren wir diese Sehnsucht als Sehnsucht nach »ich weiß nicht, was« oder als Freude, die mehr ist als irdisches Vergnügen.

Den Kern solcher Erfahrungen verdichtete Ignatius im »Prinzip und Fundament«. Wenn Sie in Kontakt kommen mit der Erfahrung von Gottes Sehnsucht nach Ihnen und Ihrer Sehnsucht nach Gott, dann hat alles andere nur noch relative Bedeutung. Dann werden Sie »indifferent«, nicht als ob Ihnen die geschaffenen Dinge gleichgültig wären, sondern in dem Sinn, dass diese für Sie nur noch relativ wünschenswert sind im Vergleich mit Gott, der Ihr ein und alles ist.

Ignatius lädt ein, Gott zu suchen und zu finden in *allen* Dingen und nicht nur in den »frommen und heiligen«; also in *allen* Beschäftigungen des Tages, des Jahres und des Lebens, nicht nur während herausgehobener Zeiten wie Gottesdienste oder Meditations- und Besinnungstage oder Exerzitien, nicht nur jetzt bei der Lektüre dieses Buches, sondern auch bei dem, was Sie gleich danach machen werden.

Wenn Ihnen dies wirklich zur Erfahrung geworden ist, wenn Sie also nicht nur den Wunsch danach verspüren oder es sich lediglich einreden, dann bedeutet das: Im Erfolg ist Gott nicht mehr und nicht weniger zu finden als im Misserfolg, in Gesundheit nicht mehr als in Krankheit und in dem, was Ihnen gut gelingt, nicht mehr als im Scheitern. Und es bedeutet weiter, dass Sie sich keine unnötigen Sorgen mehr um vergangenes Versagen machen. Ebenso wenig beschäftigt Sie übermäßig die Möglichkeit, nach irdischen Maßstäben im Leben zu scheitern. Sie sorgen sich auch nur noch begrenzt um die Zukunft.

Wenn Sie es zulassen, dann kann diese Sehnsucht zur beherrschenden Leidenschaft Ihres Lebens werden.

Wenn Sie diese Sehnsucht erfahren, erfahren Sie das (oder den), was die Autoren der Bibel und die christlichen Mystiker Gottes Heiligen Geist nennen. Solange diese Sehnsucht Sie erfüllt, wird alles andere relativ vor dem absoluten Geheimnis, das Sie ersehnen.

Sie werden dann alles tun, was Sie mehr mit Gottes Wirken zusammenbringt. Im ignatianischen Verständnis wollen Gebet und Meditation einüben helfen, dass – bildlich gesprochen – Gott alles entfernen kann, was Menschen hindert, zu diesem Einklang zu kommen, so dass er uns und unser Handeln in Übereinstimmung mit seinen Absichten bringt.

Zwei Punkte will ich noch besonders anschauen. Was meint Ignatius mit der »Indifferenz«, die er im »Prinzip und Fundament« erwähnt? Und was genau bedeutet »Wille Gottes«?

»Indifferenz« meint natürlich nicht, dass es egal ist, was Sie tun! Ob Sie gesund oder krank sind: Um etwas auszuführen, spielt das natürlich eine große Rolle. Gott ist aktiv in unserer Welt und will, dass auch Sie im Einklang mit seinem Wirken sind. Dazu müssen Sie frei werden von Zwängen und Engen und von allem, was Gottes Wirken im Weg stehen könnte.

»Indifferenz« lässt sich wohl am besten als »engagierte Gelassenheit« und zugleich als »gelassene Leidenschaft« verstehen.[19] Ein Bild dafür ist die Situation des Torwarts vor dem Elfmeter. Der Torwart weiß nicht, ob der gegnerische Stürmer in die linke oder in die rechte Ecke des Tores zielen wird. Er muss sich mit allen seinen Fähigkeiten auf beide Möglichkeiten einstellen – und dann reagieren!

Ignatius drückt Indifferenz so aus, dass man frei werden müsse von »ungeordneten Anhänglichkeiten« an die Dinge. In seinem Verständnis kommt eine Ausrichtung, eine »Ordnung« ins Leben, wenn wir die Mittel aufs Ziel ausrichten und nicht das Ziel mit den Mitteln verwechseln. Ziel ist ein Leben in Verbundenheit mit Gott, die Dinge sind nur Mittel.

Jetzt habe ich schon einige Male vom »Willen Gottes« gesprochen. Damit ist natürlich nicht gemeint, dass wir herausbekommen müssten, was in einem geheimen himmlischen Fahrplan vorgesehen ist, den es wie in einem Suchspiel zu entdecken und zu enträtseln gälte. »Wille Gottes« ist ein Ausdruck, den Jesus im Vaterunser verwendet hat. Vielleicht erinnern Sie sich auch an die Begegnung von Tim und Ramesh im dritten Kapitel.

Im Vaterunser lehrt Jesus seine Jünger, darum zu bitten, dass Gottes Wille geschehe »wie im Himmel, so auf Erden«. Wir Menschen sollen nicht unseren Eigensinn durchsetzen und einer auf Kosten des anderen leben, sondern unser Tun und Lassen auf Gott und an Gott ausrichten. Was das bedeutet und wie das geht, begreifen wir eigentlich erst richtig, wenn wir erfassen, dass es dabei wirklich um *Gott um seiner selbst willen* geht. Solange Sie innerlich auf dem Standpunkt stehen: »Ich will einmal probeweise den Willen Gottes für mich herausfinden; dann kann ich ja immer noch im zweiten Schritt überlegen, ob ich ihn auch tun mag« – so lange bleibt das Ganze eine Spielerei. Noch bevor Sie wissen, was Gott wirklich für Sie erwählt hat, müssen Sie bereit sein, es anzunehmen.

Indifferent werden und Gottes Willen tun, das heißt: Sie möchten Gott freie Hand geben, Sie in Ihrer Freiheit in Einklang zu bringen mit seinem Wirken.

Wenn Sie einmal Gottes Wahl für sich erkannt und akzeptiert haben, können Sie großzügig sein. Sie werden dann mit all Ihren Fähigkeiten zu Werke gehen und mit aller Kraft die Sache erfolgreich zu Ende bringen wollen. Und wenn sich zeigt, dass Gottes Wahl nicht Ihren Erwartungen oder Wünschen entspricht, dann vertrauen Sie darauf, dass Sie Trost finden werden im Wissen, Ihr Bestes getan zu haben. Den Rest überlassen Sie Gott.

In dem, was Sie Gott überlassen, ist all das eingeschlossen, auf das Sie keinen Einfluss nehmen können. Werden andere mit Ihnen zusammenarbeiten? Wird es zu Unfällen und Krankheiten kommen? Letztlich geht es darum, dass Sie in allem, was Sie tun, mit Gott verbunden sind. Was Sie tun, ist sekundär im Vergleich zu Ihrer Verbundenheit mit ihm in allen ihren Tätigkeiten.

Ihre eigene Freiheit und Verantwortung werden im selben Maße wachsen, wie Gottes Wirken in Ihrem Leben zunimmt. Es geht ja gerade nicht darum, untätig zu bleiben und die eigene Freiheit und Verantwortung auf Gott abzuschieben – wie in der Geschichte von jenem armen Schiffbrüchigen, der in den Fluten des Meeres ertrank, weil er die Rettungsversuche anderer nicht annahm. Er wollte oder konnte darin nicht das Wirken Gottes sehen und wartete stattdessen auf ein Wunder; als das ausblieb, ertrank er.

Einige Zeit nach Ignatius' Tod sammelte der ungarische Jesuit Gabor Hevenesi eine Reihe von Sinnsprüchen, die er Ignatius zuschrieb. Einer dieser Aussprüche drückt aus, wie Gottes Wirken und menschliches Handeln zusammenkommen:

»Vertraue so auf Gott,
als ob der Erfolg deiner Arbeit ganz von dir
und nicht von Gott abhinge;
wende aber darauf allen Fleiß an,
als ob du nichts
und Gott allein alles vollenden werde.«[20]

Ignatius sagt gerade nicht: »Bete, als ob alles von Gott
abhinge; arbeite, als ob alles von dir abhinge«, sondern genau umgekehrt: »Bete, als ob alles von dir abhinge; arbeite, als ob alles von Gott abhinge.« Oder
ausführlicher: »Vertraue so auf Gott, dass du dabei nie
das von ebendiesem Vertrauen wesentlich geforderte
Mittun vergisst; und wirke und arbeite zugleich so,
dass ebendieses Mitarbeiten erfüllt bleibe vom Wissen um die alleinige Wirkmächtigkeit Gottes.«
Und wie werden Sie nun ganz praktisch »Mitarbei-
ter/Mitarbeiterin des arbeitenden Gottes«? Die nach
der Eucharistie wichtigste Übung ist für Ignatius der
regelmäßige betende Tagesrückblick. In seinem Buch
der »Geistlichen Übungen« nennt er sie an erster Stelle und beschreibt sie anschließend ausführlich.[21] Sie
halten – am besten jeweils am Ende des Tages – im
Gebet »Lagebesprechung« mit Gott. Sie schauen auf
den zurückliegenden Tag und lassen Gott zuschauen.
Das ist etwas grundlegend anderes als eine »Gewis-
senserforschung«, bei der es darum ginge, die eigenen
Fehler und Sünden aufzuspüren. Piet van Breemen[22]
macht darauf aufmerksam, dass es zwei Fehler gibt,
die den betenden Tagesrückblick unfruchtbar machen. Der erste: Jemand kontrolliert sich selbst nach
allgemeinen Normen wie nach einem Beichtspiegel.
Ignatius geht es aber um die Einmaligkeit und Ein-
zigartigkeit jeder Person, die eben nicht in allgemei-

70

nen Regeln eingefangen werden kann. Der zweite ist eine überstarke Konzentration auf sich selbst und das eigene Benehmen und die eigene Anstrengung. Ignatius dagegen rückt die Ausrichtung auf Gott in die Mitte und versucht zu entdecken, wie Gott sich im Alltag mitteilt und darin gefunden werden kann. Ignatius empfiehlt, sich für den Tagesrückblick eine Viertelstunde Zeit zu nehmen und in fünf Schritten vorzugehen:

1. *Als Erstes danken Sie Gott für das Gute, dass Sie heute erlebt haben.*
Nicht: »Was habe *ich* getan?«, soll die erste Frage sein, sondern: »Was hat *Gott* heute für mich getan?« Konkret können Sie sich fragen, was Ihnen heute gutgetan hat, wo Sie zufrieden und zuversichtlich gewesen sind und ob es Augenblicke gab, in denen Sie ein glaubender, hoffender und liebender Mensch waren.

2. *Dann bitten Sie ihn darum, dass Sie jetzt mit sich selbst ehrlich sind und sich nichts vormachen.*
Die Ausrichtung auf Gott belebt Ihre Grundbeziehung zu ihm. Auf dieser Basis können Sie auch Ihre Schwächen in guter Weise anschauen.

3. *Nun gehen Sie den Tag durch und schauen sich an, was Sie heute getan haben, was gut war und was nicht gut war.*
Manche Menschen schauen auf den zurückliegenden Tag, indem sie ihn der Reihe nach durchgehen; andere schauen zurück auf wichtige Erlebnisse und auf die Menschen, die ihren Tag geteilt haben.

4. Sie bitten Gott um Verzeihung für das, was nicht recht war.
Wer mit sich selbst ehrlich ist, wird manches feststellen, was nicht in Ordnung war. Es gibt immer eine Spannung zwischen dem, wozu Gott uns einlädt, und dem, wie wir tatsächlich leben.

5. Zum Abschluss blicken Sie auf den kommenden Tag und nehmen sich vor, was Sie mit Gottes Hilfe anders und besser machen wollen.
Hier überlegen Sie möglichst realistisch, wie Sie aus einem Fehler oder einer Nachlässigkeit lernen können. Konkret gesprochen: Wenn Sie sich nur allgemein vornehmen, Ihre Mitmenschen mehr zu lieben, wird das kaum Auswirkungen auf Ihr Verhalten haben. Wenn Sie aber überlegen, wie Sie am nächsten Tag einem unangenehmen Kollegen begegnen wollen, können Sie nach einigen Anläufen vielleicht einen kleinen Fortschritt feststellen.

8. Ein lebenslanger Prozess

Wenn Sie bis hierher gelesen haben, dann mag es sein, dass Sie der Mut verlässt! Klingt das nicht wie das Anforderungsprofil eines Übermenschen? Wer so lebt, scheint nicht so richtig »von dieser Welt« zu sein! Wer kann da noch einigermaßen mithalten? Hat Martin Luther nicht Recht, wenn er, ein wenig resignierend, sagt: »Ein wirklicher Christenmensch ist ganz selten, er ist so selten als wie ein weißer Rabe.« Und bleibt nicht ein Rest? Was ist, wenn Sie ehrlich den Willen Gottes suchen, finden und erfüllen wollten und gerade damit in den Abgrund rannten, wenn also das »Mitarbeiten« misslang? So etwas gibt es zu allen Zeiten, nicht nur bei Jesus von Nazareth.

– Ijob im Alten Testament verliert alles, was er besitzt und was ihm lieb und teuer ist. Als seine Freunde mit Erklärungsversuchen kommen, reden sie nur Unfug, so dass die Gottesstimme zu ihnen sagt: »Ihr habt nicht recht von mir geredet« (Ijob 42,8).

– Ein Freund von mir, der viel Leid erlebt hat, sagte mir einmal: »Ich werde Gott mal vieles fragen, wenn ich bei ihm angekommen bin«; aber er fügte hinzu: »wenn es mich dann noch interessiert.«

– Der Theologe Herbert Vorgrimler spricht von der »dunklen Seite« Gottes, die uns Menschen oft vollkommen unverständlich bleibt.[23]

Jeder, der auch nur über ein wenig Selbstwahrnehmung und Selbstkritik verfügt, wird feststellen, wie weit er von dem Ideal entfernt ist, mit dem »arbeitenden Gott mitzuarbeiten«. Die gute Absicht allein macht uns noch nicht indifferent. Sie macht uns auch nicht bereit, unser Leben zu akzeptieren, wenn es zu scheitern droht, wenn eine unerwünschte Versetzung ansteht, wenn etwas schon lange Ersehntes schiefgeht oder wenn Alter, Krankheit und Sterben uns anstarren. Wirklich indifferent zu werden dauert ein Leben lang und wird uns in jedem Lebensalter herausfordern. Entschiedenes Wollen allein reicht nicht aus, ebenso wenig wie die Lektüre dieses Buches oder frommer Schriften.

Wie man's auch dreht und wendet: Scheitern gehört zum menschlichen Leben dazu, und wirklich Tragfähiges wächst oft gerade auf dem Nährboden zerbrochner Illusionen. Es mag uns ermutigen, dass die meisten lebenserfahrenen und -gebeutelten Menschen nur langsam zu menschlich-geistlicher Reife gelangen. Schon auf Maria, die Mutter Jesu, trifft das zu; wir schauen sie ja gern als Prototyp eines glaubenden und auf Gott vertrauenden Menschen an. Anscheinend hat sie sich zu Beginn des öffentlichen Auftretens Jesu von der Großfamilie dazu vereinnahmen lassen, Jesus mit Gewalt aus der Öffentlichkeit zurückzuholen. Vielleicht war sie wie die übrigen Verwandten der Meinung: »Er ist verrückt« (Mk 3,21 und 31–34).

Es dauert, bis Überzeugungen, gute Absichten und Ideen zur Erfahrung werden. Wer einmal Gottes Willen für sich erkannt hat, versucht nach Kräften, ihn zu verwirklichen. Den Erfolg dieses Unternehmens überlässt er aber ganz Gott. Ich widme mich zwar mit ganzem Herzen jeder Aufgabe, die mir anvertraut ist, und bemühe mich, sie zum Erfolg zu führen. Aber ich binde mich nicht so an meine Aufgabe, als wäre ich mit ihr identisch und als würde mein Wohl und Wehe oder gar mein ewiges Heil vom Gelingen dieser Aufgabe abhängen. Meine Identität kommt in erster Linie aus der Beziehung, aus der Verbundenheit mit Gott, der in mir und durch mich wirkt. Deswegen werde ich nicht zerstört, wenn ich nach menschlichen Maßstäben scheitere.

Solche Spiritualität bringt Kontinuität ins Leben. Sie erlaubt es, auch den unvermeidlichen und schweren Enttäuschungen, die das Leben bringt, und selbst dem Scheitern in »gelassener Leidenschaft« zu begegnen. »Wir wissen, dass Gott bei denen, die ihn lieben, alles zum Guten führt«, sagt Paulus (Röm 8,28). Das gilt, auch wenn unser menschliches Tun und Lassen fehlerhaft bleibt oder wenn wir scheitern.

Dass Gott unser aller Vater sei und er – Jesus – selbst der Weg, die Wahrheit und das Leben, diese Worte hat Jesus seinen Jüngern gesagt, kurz bevor er auf den Tod zuging und scheiterte. Unsere Hoffnung und unsere Sehnsucht müssen durch das reinigende Feuer menschlichen Wachstums und menschlicher Reifung hindurch, nicht selten auch durch das Feuer des Scheiterns und Zunichte-Werdens. Die Realität des Scheiterns und letztlich des Todes ist Teil unserer Wirklichkeit und unseres Lebens. Das ist die Situation von uns Menschen in der Welt.

Das Gegenteil zur Verzweiflung heißt mit Jesu Worten: auf Gott zu vertrauen und so zu leben wie er. Dann wird Jesus für uns der Weg, die Wahrheit und das Leben. Wer sich auf diesen Weg einlässt, wird keine Ruhe mehr haben. Er wird oft ein Außenseiter sein. Aber er wird jene Gelassenheit und Lebensfreude erreichen, die es ihm ermöglicht, gegenüber allen anderen Mächten und Gewalten der Welt, gegenüber

ihren Drohungen und Verführungen immun zu bleiben.

Ich beschließe dieses Buch mit drei Selbstzeugnissen,
die etwa 1900 Jahre auseinanderliegen. Die ersten
beiden stammen von Paulus, dem Apostel, das dritte
von P. Alfred Delp SJ, dem Widerstandskämpfer gegen die NS-Diktatur. Delp war 37 Jahre alt, als er wegen Hoch- und Landesverrats zum Tod durch den
Strang verurteilt wurde. Das Urteil wurde am 2. Feb-
ruar 1945 in der Haftanstalt Berlin-Plötzensee voll-
streckt, seine Asche wurde auf den Rieselfeldern
Berlins verstreut.

»Ich ertrug mehr Mühsal, war häufiger im Gefängnis,
wurde mehr geschlagen, war oft in Todesgefahr.
Fünfmal erhielt ich von den Juden die neununddrei-
ßig Hiebe; dreimal wurde ich ausgepeitscht, einmal
gesteinigt, dreimal erlitt ich Schiffbruch, eine Nacht
und einen Tag trieb ich auf hoher See. Ich war oft
auf Reisen, gefährdet durch Flüsse, gefährdet durch
Räuber, gefährdet durch das eigene Volk, gefährdet
durch Heiden, gefährdet in der Stadt, gefährdet in der
Wüste, gefährdet auf dem Meer, gefährdet durch falsche Brüder. Ich erduldete Mühsal und Plage, durch-
wachte viele Nächte, ertrug Hunger und Durst, häu-
figes Fasten, Kälte und Blöße. Um von allem andern
zu schweigen, weise ich noch auf den täglichen An-
drang zu mir und die Sorge für alle Gemeinden hin.
Wer leidet unter seiner Schwachheit, ohne dass ich
mit ihm leide? Wer kommt zu Fall, ohne dass ich von
Sorge verzehrt werde? Wenn schon geprahlt sein
muss, will ich mit meiner Schwachheit prahlen. Gott,
der Vater Jesu, des Herrn, er, der gepriesen ist in
Ewigkeit, weiß, dass ich nicht lüge. In Damaskus ließ
der Statthalter des Königs Aretas die Stadt der Da-

maszener bewachen, um mich festzunehmen. Aber durch ein Fenster wurde ich in einem Korb die Stadtmauer hinuntergelassen und so entkam ich ihm« (2 Kor 11,23–33).

»Was kann uns scheiden von der Liebe Christi? Bedrängnis oder Not oder Verfolgung, Hunger oder Kälte, Gefahr oder Schwert? In der Schrift steht: Um deinetwillen sind wir den ganzen Tag dem Tod ausgesetzt; wir werden behandelt wie Schafe, die man zum Schlachten bestimmt hat. Doch all das überwinden wir durch den, der uns geliebt hat. Denn ich bin gewiss: Weder Tod noch Leben, weder Engel noch Mächte, weder Gegenwärtiges noch Zukünftiges, weder Gewalten der Höhe oder Tiefe noch irgendeine andere Kreatur können uns scheiden von der Liebe Gottes, die in Christus Jesus ist, unserem Herrn« (Röm 8,35–39).

»Das Eine aber ist mir so klar und spürbar wie selten: Die Welt ist Gottes so voll. Aus allen Poren der Dinge quillt er gleichsam uns entgegen. Wir aber sind oft blind. Wir bleiben in den schönen und bösen Stunden hängen und erleben sie nicht durch bis an den Brennpunkt, an dem sie aus Gott herausströmen. Das gilt für alles Schöne und auch für das Elend. In allem will Gott Begegnung feiern und fragt und will die anbetende, hingebende Antwort. Die Kunst und der Auftrag ist nun dieser, aus diesen Einsichten und Gnaden dauerndes Bewusstsein und dauernde Haltung zu machen bzw. werden zu lassen. Dann wird das Leben frei in der Freiheit, die wir oft gesucht haben.«[24]

Anmerkungen

[1] http://de.wikipedia.org.

[2] Nachzulesen unter: www.scheitern.de.

[3] Dorothea Rahm, Der schöpferische Sprung. Krisen und Bewältigungsmöglichkeiten, in: Beratung aktuell Heft 2/2001, 94–110.

[4] Hilarion Petzold, Integrative Bewegungstherapie, in: ders. (Hg.), Die neuen Körpertherapien, Paderborn 1974; ders., Integrative Therapie, Paderborn 1993.

[5] Volker Faust, Religion, Spiritualität, Gebet und psychische Gesundheit, in: ders., Psychische Störungen heute. Erkennen, Verstehen, Behandeln, Landsberg, Grundwerk 2002, 23. Ergänzungslieferung Juni 2008.

[6] FR vom 27. April 1999.

[7] Ich habe diese Geschichte mit dem Titel: »Glück im Unglück« in der Zeitschrift »Hirschberg«, der Mitgliederzeitschrift der »Gemeinschaft katholischer Männer und Frauen« 12/2007 entdeckt.

[8] Helge Timmerberg, In 80 Tagen um die Welt, Berlin 2008.

[9] Die ausführliche Version der Bambusgeschichte steht in: Karl Frielingsdorf, Mein Leben mit Gott versöhnen. Ein Kursbuch für geistliches Wachsen und Begleiten, Würzburg 2008, 269f. Ursprüngliche Fassung bei P. Bleeser (Hg.), Neue Geschichten für Sinndeuter, Düsseldorf 1986.

[10] Deutsche Fassung des Gedichts »Spuren im Sand«, Gießen 1996, inzwischen 25. Auflage. Originalfassung: »Footprints« © 1964 Margaret Fishback Powers.

[11] Jens Söring, Richtet nicht, damit ihr nicht gerichtet werdet. Barmherzigkeit und Strafvollzug, Würzburg 2008, 10. Siehe auch den Artikel: Christus der Häftling, unter: www.jenssoering.de. »Dead men walking« ist der Titel eines beeindruckenden Films über einen reuigen Mörder, der zum Tode verurteilt wird.

[12] Jens Söring, ebenda, 10f.

[13] Siehe dazu: Stefan Kiechle, Kreuzesnachfolge. Eine theologisch-anthropologische Studie zur Ignatianischen Spiritualität, Würzburg 1996; ders., »Schmerz mit dem schmerzerfüllten Christus«. Zur Kreuzesnachfolge in der Ignatianischen Spiritualität, in: Geist und Leben 69 (1996), 243–259, hier 244.

[14] Ignatius von Loyola, Der Bericht des Pilgers, übers. und erl. von Peter Knauer SJ, Würzburg 2005, hier: PB 1.

[15] Hermann Kügler, Zur Person des heiligen Ignatius von Loyola und zur Bedeutung seiner Exerzitien, in: Die Gesellschaft Jesu und ihr Wirken im Erzbistum Trier, hg. vom bischöflichen Dom- und Diözesanmuseum Trier, 1991, 15–25.

[16] Den Kern der folgenden Überlegungen verdanke ich meinem Mitbruder William A. Barry SJ, Die Spiritualität der Jesuiten. Eine Spiritualität für das ganze Leben, hrsg. von der Gruppe für Ignatianische Spiritualität, München 2008, als Manuskript gedruckt.

[17] Das Exerzitienbuch wird mit »GÜ« und Randnummer zitiert nach: Ignatius von Loyola, Geistliche Übungen und erläuternde Texte, übers. und erl. von Peter Knauer SJ, Graz/Wien/Köln 1978, hier: GÜ 21.

[18] GÜ 23.

[19] Diesen Ausdruck und das Bild vom Torwart verdanke ich meinem Mitbruder Willi Lambert SJ.

[20] Gabor Hevenesi, Scintillae Ignatianae, Nr. 2, in: Thesaurus Spiritualis Societatis Jesu, Roma 1948, dt. Übersetzung von Hugo Rahner, in: Ignatius von Loyola als Mensch und Theologe, Freiburg/Basel/Wien 1964, 230–232.
Für die Latein-Kundigen hier die ursprüngliche Fassung: *Haec prima sit agendorum regula: sic Deo fide, quasi rerum successus omnis a te, nihil a Deo penderet; ita tamen iis operam omnem admove, quasi tu nihil, Deus omnia solus sit facturus.*

[21] GÜ 1 und 43.

[22] In: Geist und Leben 65 (1992), 259–269.

[23] Herbert Vorgrimler, Erlöse uns von dem Bösen. Die Aktualität einer Vaterunser-Bitte, Vortrag vom 19. Januar 1999 in der Karl-Rahner-Akademie Köln, ISBN 3-9806702-0-1.

[24] Alfred Delp SJ am 17. November 1944 aus dem Gefängnis, in: Gesammelte Schriften IV, Frankfurt 1984, 26.

Die Bibeltexte sind entnommen der Einheitsübersetzung der Heiligen Schrift © 1980 Katholische Bibelanstalt Stuttgart.

In der Reihe **Ignatianische Impulse**
sind bisher u. a. erschienen: